ORIGINES, MIGRATIONS, PHILOLOGIE,

ET

MONUMENTS ANTIQUES.

PAR

M. LE DUC DU ROUSSILLON.

———◆———

PREMIÈRE PARTIE.

———

CHAPITRE IER.

DES SCYTHES ET DE LEURS TRAITS CARACTÉRISTIQUES. — SCYTHES
GERMAINS, SCOLOTS, BELGES, BELCES.

LES auteurs modernes ne sont pas d'accord sur l'origine des *Scythes*. Leurs contradictions laissent encore la question dans un état d'obscurité presque complète. Cela vient de ce que chacun d'eux, se contentant d'examiner quelques documents isolés, particls, ou incomplets, s'est cru en état de pouvoir ainsi formuler une opinion exacte. Il s'ensuit que, suivant la nature des faits qui ont plus spécialement attiré leur attention, les uns comme Niebuhr et Rennell, les ont cru Mongols. D'autres, plus près de la vérité, sans la découvrir complétement, tels que Lenormant et Rawlinson, ont cru qu'ils appartenaient à la race caucasique; et même ce dernier auteur pense que les *Scythes* d'Hérodote ont complétement disparu en tant que race. En face de contradictions aussi formelles, au milieu d'une telle obscurité, j'ai cru devoir faire tous mes efforts pour éclaircir la question. Le but sera-t-il atteint? Je vais développer mon opinion et indiquer en détail les bases sur lesquelles elle s'appuie.

Le mot *Scythes* (Σκύθαι, Scythæ) fut employé par les auteurs de l'antiquité, Grecs et Latins, sous un sens : tantôt général, tantôt particulier. Dans le premier cas, il s'agit de l'universalité des peuples qui composent une race connue de tous, et dont les traits caractéristiques sont si bien définis et déterminés que l'on ne saurait s'y méprendre ; dans le second, les auteurs entendent désigner un peuple dont le nom spécial leur est inconnu, mais qu'ils savent appartenir à cette même race; c'est pour cela qu'ils l'appellent *Scythe*. Mais, que la désignation eut un but général ou particulier, elle offrit toujours aux lecteurs de l'antiquité contemporains l'idée claire et précise de cette race bien connue d'eux tous. L'acception primitive de ce mot s'est perdue dans les ténèbres du moyen-âge, et mon travail a pour but de la retrouver. Hérodote[1] donne à comprendre qu'il ignore l'origine et l'explication d'un tel emploi fait par les Grecs, lorsqu'ils veulent désigner des peuples qui se donnent eux-mêmes des noms tout différents. Homère ne s'en est pas servi. A ce qu'il paraît, les Romains ne firent qu'imiter les Grecs, ici comme dans beaucoup d'autres circonstances.

Je vais maintenant citer les divers auteurs dont les passages tendent à établir la conclusion suivante; savoir :

[1] Liv. iv, ch. 6.

" Que les anciens s'accordèrent à donner le nom de
" *Scythes* à des peuples appartenant à cette partie de
" l'espèce humaine que nous pouvons appeler, faute
" de classification anthropologique plus parfaite : la
" variété blonde de la race caucasique, en y compre-
" nant ses diverses nuances de roux et de noisette."

Pline-le-Jeune me fournira d'abord quelques arguments. Dans son *Histoire Naturelle*,[2] cet auteur, après
avoir décrit les bouches du Danube, se dirige vers
l'océan septentrional et s'exprime ainsi : " Ab eo (le
" Danube) in plenum quidem omnes Scytharum sunt
" gentes : Variæ tamen litori apposita tenuere : alias
" Getæ, Daci Romanis dicti : alias Sarmatæ, Græcis
" Sauromatæ, eorumque Hamaxobii, aut Aorsi : alias
" Scythæ degeneres et a servis orti, aut Troglodytæ :
" mox Alani, et Rhoxalani. Superiora autem inter
" Danubium et Hercynium saltum, usque ad Panno-
" nica hiberna Carnunti, Germanorumque ibi confi-
" nium, campos, et plana Jazyges Sarmatæ : montes
" vero et saltus pulsi ab his Daci ad Pathissum
" amnem. A Maro, sive Duria est, a Suevis regnoque
" Vanniano dirimens eos, adversa Bastarnæ tenent,
" aliique inde Germani. Agrippa totum eum tractum
" ab Istro ad Oceanum bis ad decies centena M. pass.
" in longitudinem, IV.M. et CD in latitudinem, ad
" flumen Vistulam a desertis Sarmatiæ, prodidit.
" Scytharum nomen usquequaque transit in Sarmatas
" atque Germanos. Nec aliis prisca illa duravit appel-
" latio, quam qui extremi gentium harum ignoti prope
" ceteris mortalibus degunt."

De ce passage, qui compose tout le 25e chapitre du
IVe livre, et doit être examiné dans son ensemble, dé-

---

[2] Liv. IV, ch. 25.

coulent les faits suivants.   L'auteur a d'abord établi qu'entre le Danube et l'océan septentrional tous les peuples sont *Scythes*.

Il a donné à ce mot un sens général dans le commencement du chapitre, et il a entendu désigner par là une partie de l'espèce humaine plus grande qu'un peuple et qu'une nation; en un mot, constituant par elle-même une race à part.   En effet, dans sa nomenclature il détaille les noms de quelques peuples dont le territoire est limité; en même temps qu'il mentionne ceux de quelques grandes nations, telles que les Germains, les Suèves, les Sarmates.   La preuve que l'idée de race était bien la sienne en écrivant ces lignes, c'est qu'il n'a pas oublié d'indiquer la seule exception connue au principe par lui posé, c'est-à-dire celle des *Troglodytes*, qui constituent évidemment un peuple à part, de race croisée, fils de *Scythes* et d'esclaves comme il le remarque expressément.

Dans les limites de cet immense espace situé d'une part entre le Danube et l'océan septentrional — auquel Agrippa a donné un million de pas en longueur — et de l'autre entre la Vistule et les déserts de la Sarmatie, ayant, d'après le même auteur, quatre mille quatre cent pas de largeur, se trouve donc une race appelée *Scythe*.   Elle se divise en nations plus ou moins puissantes, suivant qu'elles contiennent, chacune dans son sein, une certaine quantité de peuples plus ou moins grande.   Evidemment, les traits caractéristiques de toutes ces nations doivent être les mêmes; sans cela, on ne leur donnerait pas un nom commun.   Evidemment aussi, les esclaves, ayeux en partie des *Troglodytes*, qui constituèrent ce peuple à part, en mêlant leur sang à celui des *Scythes*, appartenaient à une race différente. Sans cela, on ne les appelerait pas bâtards, c'est-à-dire *Scythæ degeneres*. L'auteur a terminé son chapitre par deux remarques fort importantes.

La première c'est que des peuples, *Scythes* d'origine, prirent partout les noms de *Germains* et *Sarmates ;*

La seconde, que l'antique désignation de *Scythes*, en cessant d'appartenir à ces deux nations, ne fut plus attribuée qu'à des peuples à elles inconnues, lesquels vivaient éloignés et dans le voisinage de races différentes.

Cette première particularité sur l'origine Scythe des Germains est d'autant plus digne d'observation, que Pline est le seul auteur qui en parle. On serait fondé à se demander s'il a bien voulu dire que tous les peuples qui portaient le nom de Germaniques à son époque étaient bien Scythes. Mais une foule de faits à l'appui de cette interprétation, viendront démontrer qu'elle est la seule admissible. Quant à l'origine du mot *Germani*, divers auteurs, tels que Strabon et Tacite, donnent des explications qui tendent à corroborer, au moins d'une manière implicite, l'assertion isolée de Pline. Dans son ouvrage sur les mœurs des Germains, Tacite s'exprime ainsi:

" Le nom de Germanie est récent, et on ne l'entend
" employer que depuis peu. C'est parceque les pre-
" miers peuples qui, traversant le Rhin, chassèrent les
" Gaulois des terres qu'ils occupaient, furent appelés,
" tantôt Tongres et tantôt Germains. Ainsi, le nom
" finit par désigner, non une race, mais une nation;
" car les vainqueurs avaient commencé de le prendre
" par crainte, et tous les autres peuples finirent par
" s'en servir, dès qu'il eut été inventé."

L'explication sur l'origine du nom de Germain donnée par Strabon, au commencement du 7ᵉ livre de sa Géographie est fort curieuse, quoiqu'elle soit purement philologique. Mais pour en faire valoir tout le mérite, et comprendre le vrai sens, mal rendu par quelques traducteurs; il est nécessaire d'en combiner le texte avec celui d'un autre auteur postérieur, Grec aussi. Il faut savoir de plus que maintenant encore, dans la langue Catalane, dialecte le plus pur de l'antique Roman, le mot *Germa* signifie *frère de sang ;* et que l'on appelle *Germans* tous les enfans du même père, ou de la même mère, ou des deux à la fois; tandis que l'on donne le nom de *Frare* au *frère d'association sans parenté,* mais membre d'une même communauté.

Alors il résultera du rapprochement des deux passages précités, qu'à l'époque de Strabon le mot *Germa* appartenait déjà à la langue Romane, avec la même signification qu'il possède aujourd'hui. Que de plus, le mot *Frare* était employé dans cette langue au 6ᵉ siècle de notre ère sous la même acception qu'on lui donne encore, mais avec cette légère différence : qu'alors il était aussi appliqué à tous les membres d'une même communauté militaire; tandis que maintenant il n'appartient qu'aux membres d'une communauté religieuse.

J'arrive au passages des deux auteurs Grecs. Strabon, après avoir observé [3] que les Germains établis sur la rive droite du Rhin sont semblables aux Gaulois de la rive gauche sous le rapport de la taille, de la couleur blonde des cheveux, et au point de vue des mœurs, ajoute : "Je pense que les Romains ont eu raison de

---

[3] Géographie, liv. VII.

“ leur donner un nom qui les désigne comme *frères de*
“ *sang* des Gaulois ; puisqu'en langue Romane le mot
“ *Germans* possède cette acception.” Voici du reste
le texte de Strabon : “ διὸ δίκαιά μοι δοκοῦσι ʿΡωμαίοι
“ τοῦτο αὐτοῖς θέθαι, τοὔνομα ὡς ἂν γνησίους Γαλάτας φρά-
“ ζειν, βουλόμενοι. γνήσιοι γὰρ οἱ Γερμανοὶ κατὰ τὴν
“ ʿΡωμαίων Διάλεκτον.” Par l'emploi qu'il fait des mots :
Romaion Dialecton il est établi d'une manière incon-
testable que la langue Romane existait à son époque,
et qu'elle était tout à fait distincte du latin. Il paraît
aussi que l'auteur ne la connaissait que très-impar-
faitement, car il y a quelque doute dans la manière
dont il énonce son opinion à l'aide des mots : *Légitimes
Gaulois.*

Théophane raconte dans sa Chronographie,[4] que
Comentiolus, Préfet d'Anchiale sous l'Empereur
Maurice qui était en guerre avec le Khan des Abares,
commandait l'armée impériale alors en face de ses
ennemis dans la Thrace. Un conducteur de bêtes de
somme voyant tomber quelques bagages, cria au chef
des muletiers en leur langue maternelle et à haute
voix : τόρνα, τορνα, φράτρε. Ces mots, répétés par une
multitude de voix, produisirent une telle confusion
que les deux armées s'enfuirent chacune de son côté.

L'auteur en donne l'explication en grec ; or, en
langue romane, les mots : *torna, torna, fratre* (ou *frare*,
ou *fradre*, suivant le dialecte) signifiaient alors comme
aujourd'hui : *reviens, reviens, frère.*

Un autre auteur Grec : Theophylacte,[5] racontant le
même fait, employe les mots : ἄλλος, ἄλλο ρετόρνα,
qu'il fait proférer aux mêmes individus. Les mots du
Roman actuel : *ala, ala, retorna,* signifient encore :
allons, allons, reviens.

<hr>

[4] Page 218.   [5] Hist. Misc., lib. 17.

Je trouve dans Pomponius Mela un passage, qui tend à confirmer l'assertion de Pline sur l'origine *Scythe* des peuples germaniques. Le géographe espagnol, après avoir décrit en peu de mots la *Sarmatie*, contrée qu'il limite à la Vistule et au Danube, passe à la *Scythie*, dont il parle ainsi : [6] "Inde Asiæ " confinia, nisi ubi perpetuæ nives sedent et intolera- " bilis rigor Scythici populi incolunt, ferè omnes " etiam in unum *Belcæ* appellati." D'après lui, presque tous les Scythes étaient donc appelés *Belces* (ou Belges). Comme on ne trouve nulle autre part des traces de cette désignation, il faut en conclure que tel était le nom donné aux Scythes par les compatriotes de l'auteur, habitants de l'Hispanie, et qu'il l'a adoptée lui-même d'après eux, en lui donnant une extension qu'elle n'avait pas. Nous savons seulement que, d'après César, le nom de Belges (*Belgæ*), appartenait à des peuples gaulois établis entre la Seine et le Rhin. Pomponius Mela [7] adopte lui-même la division de la Gaule donnée par César, et ajoute que les habitants de Trèves (*Treviri*) sont les principaux parmi les Belges. Je crois pouvoir donner du passage cité l'explication suivante : les habitants de la Bétique, où était né le géographe, entretenant des rapports commerciaux très-fréquents avec les peuples du nord-ouest de la Gaule, s'habituèrent à donner le nom de Belges qu'ils portaient à tous les autres peuples distingués par les mêmes traits caractéristiques. Comme divers auteurs grecs et latins donnaient le nom de Scythes à la race qui possédait les mêmes traits, il s'ensuivit que dans l'Hispanie le nom de Belce ou Belge devint synonime de celui de Scythe. Or, nous

____

[6] Lib. III, cap. 5.   [7] Lib. III, cap. 5.

savons déjà que les peuples germains et gaulois des
deux rives du Rhin étaient *frères de sang.* Mais
l'auteur espagnol donne au terme Belcæ un sens
général, tandis que par Belgæ il entend une nation
qui est contenue dans les limites étroites d'une partie
de la Gaule.

Un peu plus loin Pomponius Mela dit encore ceci:
" Thule Belcarum [8] litori opposita est, Graiis et
" nostris celebrata carminibus." Comme l'on sait
avec certitude que *Thule* est l'Islande, on doit conclure que la côte ouest de la Norwège était alors le
pays des *Belces,* parceque c'est le seul dont le rivage
se trouve à l'opposite de cette île des mers du nord.
Les Norvégiens de l'époque de Mela étaient donc ses
Belcæ.

Puisque je me trouve dans ces parages, je pense
qu'il ne sera pas hors d'apropos d'examiner ici, quelle
pouvait être l'origine du nom de *Scolots* que se donnaient eux-mêmes certains peuples *Scythes* mentionnés
par Hérodote. J'en agis ainsi, parceque je crois avoir
découvert dans ces mêmes régions l'origine d'une désignation qui a motivé tant de recherches, de suppo-
sitions et de conjectures.

Qu'il me soit d'abord permis d'introduire dans ma
langue deux mots nouveaux, dont la création me de-
vient nécessaire.

Pour éviter la répétition fastidieuse de longues
périphrases, j'appelerai dorénavant: *Toponomie,* "la
" nomenclature des noms de lieu d'une contrée."
J'appelerai aussi: *Toponomalogie,* "toute discussion
" qui aura pour sujet la *Toponomie* d'un pays, ou
" même cette étude prise dans un sens général."

<hr>

[8] Lib. iii, cap. 6.

On comprendra, je l'espère, qu'en cela je ne fais
qu'obéir à la nécessité ; c'est le seul motif qui puisse
justifier l'introduction de deux nouveaux mots barbares dans une langue qui n'en contient déjà que trop.

Cela établi, je passe aux *Scythes* du père de l'histoire.   Après les avoir divisés en *Auchates*, *Catiares*,
Traspies et *Paraletes*, il termine en disant que tous
ces peuples s'appellent eux-mêmes *Scolots* comme leur
Roi.[9] (Αὐχάτοι, Κατίαροί, Τρασπιες, Σκολότους.)

En étudiant avec beaucoup d'attention la *Toponomie* de l'Islande et du Danemark, j'ai eu l'occasion
d'observer que beaucoup de noms de lieu offrent ce
même radical avec lequel fut formé le mot *Scolot*.

Voici ceux que j'ai relevés : Skovlund, Skalöe,
Skuldelöv, Skovbülle, Skovenge, Skalsbye, Skoohoved,
Skialderup, Skaarup, Skallebölle, Skov, Skeulund,
Skeel, Skerup, Skovloged, Skoven, Scovhuus, Skelund,
Skolehuus, Skovböe, Skialkandi, Skaga, Skulul, Ska-
lawick, Skaalnolts, Skolols, Skagen, Skaalanes, Skal-
ladalur, Skudur, Skole, Skalfanda, Skaldolakr, Skaplaa,
Skalbrid, Skorradal, Skolahraun, Skholt, Skutils, Skotu,
Skialdabiarnar, Skagras, Skal, Skalarstupi, Skaldaboar,
Skallmin, Skialldineyar, Skalholt.

J'ai eu déjà l'occasion de démontrer dans la première partie d'un mémoire sur l'origine Scyto-
Cimmérienne de la langue Romane, publié par la
Société Royale de Littérature de Londres, dans le
7° volume de ses *transactions* ; que la *Toponomie* d'une
contrée ne change pas aussi facilement qu'on pourrait
le croire, à la volonté des derniers conquérans arrivés.
Ici, l'on remarquera avec moi que le mot *Scolot* se
trouve diverses fois stéréotypé, pour ainsi dire, dans

[9] Liv. iv, ch. 6.

celle du Danemark et de l'Islande, d'une manière complète; notamment dans le dernier de la liste. Or *Skalholt* est le nom d'une des principales villes de cette île, et se trouve au sud-ouest du volcan éteint du mont *Hekla*. Je crois donc pouvoir avancer cette opinion, et elle sera corroborée par d'autres faits: que les *Scythes*, dont parle Hérodote, appartenaient à la même race qui constitua la *Toponomie* actuelle de l'Islande et du Danemark. Je me demande de plus: Si les *Belcæ* de Pomponius Mela n'auraient pas pris ou donné leur nom, à ces deux détroits qui sont connus encore sous les noms de Grand *Belt* et Petit *Belt?* Ils ne venaient pas directement de ces parages, lorsqu'ils renversèrent l'empire des Cimmériens. Je reviendrai sur cette question. Il est démontré par le passage de Pline mentionné plus haut, et par tout ce qui le suit, que les *Germains* étaient des *Scythes* d'origine, qui n'avaient fait que changer de nom. Maintenant, il s'agit d'établir quels étaient les traits caractéristiques, par lesquels les peuples germaniques étaient distingués des autres races. Cette constatation étant faite, nous saurons aussi par là, quels étaient les signes auxquels les anciens auteurs s'accordaient à reconnaître les *Scythes* de l'antiquité.

Ici, heureusement, les témoignages abondent. Le principal sera choisi dans l'ouvrage de Tacite sur les mœurs des Germains,[10] où l'auteur s'exprime ainsi: " Je partage l'opinion de ceux qui pensent que cette " nation ne s'est mêlée par ses mariages à aucun " peuple étranger, conservant ainsi tout à fait intacte " la pureté de sa race. D'où vient que, malgré leur " grand nombre, tous conservent les mêmes traits du

[10] Page 2.

" visage et formes du corps. Ce sont : des yeux bleus
" pleins de fierté, des chevelures blondes, une haute
" stature qui les rend propres au combat. Mais ils
" ne possèdent pas la même aptitude aux travaux
" agricoles, ou autres, faute de patience à supporter
" la chaleur et la soif. Ils résistent mieux au froid
" et aux intempéries d'un climat rigoureux."

Strabon[11] répète à peu près les mêmes observations
dans un passage, dont j'ai cité seulement la fin, et qui
commence ainsi : " Immédiatement après avoir tra-
" versé le Rhin, on trouve sur la rive droite les Ger-
" mains dont le pays s'étend vers l'orient. Ils sont
" assez semblables aux Gaulois par leur férocité, leur
" haute taille, leurs cheveux blonds ; et identiques
" par leurs formes, mœurs et habitudes.

Suétone et Hérodien[12] s'accordent à raconter que
l'empereur Antonin couvrait sa tête d'une perruque
blonde, qu'il avait fait fabriquer avec des cheveux
pris sur la tête d'un Germain, dans le but d'imiter sa
nation. Tertullien[13] mentionne la même habitude
comme appartenant à des dames, qui changeaient la
couleur réelle de leurs cheveux en blond, comme si
elles rougissaient de leur patrie, regrettant de n'être
pas nées Germaines ou Gauloises.

Les poëtes Silius et Martial font allusion dans leurs
vers : le premier à la chevelure, le second à la barbe
rousse des Bataves.

Les citations qui précèdent me paraissent suffire ;
je me dispenserai d'en augmenter le nombre.

[11] Liv. VII, p. 2.   [12] Ch. 47.   [13] *Libellus de Cultu.*

Chapitre II.

SCYTHES GÈTES, DACES OU GOTHS. — SCYTHES ALBAINS, SATARCHES, CORALS, ALAINS, SLAVES, VENÈTES, RHOS, ROXANS OU RHOXA-LANS. — VALEUR DES DEUX DÉSIGNATIONS : SCYTHE ET RHOS OU ROSS. — MŒURS DES SCOLOTS ET AUTRES PEUPLES SCYTHES.

Je vais maintenant passer en revue les divers peuples de l'antiquité, qui, qualifiés Scythes par les anciens auteurs, possédaient aussi, d'après eux, la chevelure blonde comme trait distinctif de leur race.

Pline,[1] dans le passage déjà rapporté, classe parmi les peuples Scythes : les *Gètes* que les Romains appelaient *Daces*. Hérodote[2] les place sur la rive droite du Danube vers son embouchure. Il les désigne comme les plus braves de la nation *Thrace* dont ils fesaient partie, et pleins de foi dans leur immortalité. Thucydide[3] est d'accord avec lui quant à leur position; il ajoute qu'ils ont les mêmes mœurs que les Scythes leurs voisins, et qu'ils sont archers à cheval. Strabon[4] mentionne l'opinion des auteurs Grecs qu'il adopte, sur leur nationalité Thracique, attendu qu'ils en parlent la langue, qui est aussi celle des Daces. Il pense que les esclaves, qui à Athènes portaient les noms de Geta et Davus, étaient fournis par cette même nation; et repousse l'opinion qui les fesait venir des Scythes appelés *Daes*, établis sur les confins de l'Hyrcanie, comme paraissant trop éloignés pour cela. Pomponius Mela[5] les cite aussi dans les mêmes

[1] Liv. iv, ch. 25.   [2] Lib. iv, cap. 94.   [3] Liv. ii, p. 161.
[4] Liv. vii.   [5] Liv. ii, ch. 2.

termes qu' Hérodote, et donne sur leurs croyances religieuses, leurs funérailles et mariages des détails qu'on ne trouve pas chez les autres auteurs.

Deux extraits du poëte Claudien serviront à établir, que ce peuple Gète, dont la position est évidente, portait de longues chevelures; et que de plus elles étaient blondes. Voici comment il s'exprime dans son poëme sur la guerre Gétique :

> Crinigeri [6] sedere patres, pellita Getarum
> Curia: quos plagis decorat numerosa cicatrix.

D'autre part, on trouve les vers suivants dans son ouvrage sur le 4e consulat d'Honorius :

> Nam [7] cum barbaries penitùs commota gementem
> Irrueret Rhodopen, et misto turbine gentis
> Jam deserta suas in nos transfunderet Arctos,
> Danubii totæ vomerent cum prælia ripæ,
> Cum Geticis ingens premeretur Mysia plaustris,
> Flavaque Bistonios operirent agmina campos.
>
> . . . .

Il ne saurait, je pense, exister aucun doute dans l'esprit du lecteur sur le sens que Claudien attribue aux mots: *Flava agmina* qui se rapportent à *Geticis plaustris*. Ce poëte employe habituellement le mot *flavus* dans le sens de blond lorsqu'il s'agit d'un peuple. Ainsi, on lit les vers suivants, dans son œuvre sur le premier consulat de Stilichon :

> . . . . pax a fonte profecta [8]
> Cum Rheni crescebat aquis. Ingentia quondam
> Nomina Crinigero flavente vertice Reges
>
> . . . .

---

⁶ Vers 481.   ⁷ Vers 49.   ⁸ Vers 200.

L'auteur parle ici des rois des nations germaniques.
Dans son poëme sur la guerre Gétique il dit encore :

" Agmina quinctiam flavis objecta Sycambris," [9]

en parlant des légions qui, obéissant aux ordres venus
de Rome, coururent se ranger sous les drapeaux de
Stilichon.

J'invoquerai maintenant l'autorité de Procope.
L'historien de la guerre des Goths racontant le siége
de Rome par l'armée de cette nation, cite une réponse
donnée par l'oracle de la Sybille, dont le sens était : [10]
" Qu'il serait élu un empereur, tel que la ville n'au-
" rait plus rien à craindre de la part des Gètes."
L'auteur, commentant ces paroles, ajoute que, d'après
l'opinion générale, les Goths appartenaient à cette
race. Voici le texte : " Γετικὸν γὰρ ἔθνος φασι, τίς,
Γότθοις, εἴ." Beaucoup plus explicite dans son Histoire
sur la Guerre des Vandales, il entre dans un long
détail, dont je me contenterai de donner le sens.
D'après lui,[11] "jadis, comme à présent, il y eut plu-
" sieurs nations gothiques. Parmi elles, on comptait
" comme principales : les Goths, Vandales, Visigoths,
" Gepædes. On les appela d'abord Sauromates et
" Melanchlænes, et même certains auteurs les appe-
" lèrent Gètes. Différentes de nom seulement, elles
" se ressemblaient en tout : haute stature, *chevelure*
" *blonde*, peau blanche, physionomie bienveillante, —
" tels étaient leurs traits caractéristiques. Elles
" avaient les mêmes lois, le même culte, la même
" langue, dite gothique ; et leurs anciens siéges se
" trouvaient au-delà du Danube."

Dans un autre passage, l'auteur, après avoir énu-

[9] Vers 419.   [10] Liv. 1er.   [11] Liv. 1er.

méré les divers peuples qui se trouvent sur les bords du Palus Méotis, continue ainsi : [12] " Plus loin, les " Goths, Visigoths, Vandales et tous les autres peuples " gothiques qui jadis étaient aussi appelés Scythes, " désignation commune à toutes les nations de ces " contrées, parmi lesquelles les Sauromates et les " Melanchlænes, ou ayant tout autre nom spécial."

Orose [13] dit qu'on donnait le nom primitif de Gètes aux peuples appelés de son temps : Goths.

Jornandes, auteur de l'ouvrage intitulé : *De Getarum sive Gothorum origine*, est parfaitement convaincu de la communauté de race qui existe entre les Gètes et les Goths. A ses yeux, ces deux peuples appartiennent à la grande nation des Scythes. Il s'appuie sur l'opinion de Josèphe, qui a, dit-il, appelé les Goths : " *Scythes* de nom et de nation."

Isidore de Séville est du même avis dans sa Chronique des Goths. Il appelle *Roi Scythe* Radagaise, qui succéda à Athanaric l'an 446 de J.-C.; Prudence l'appelle *Tyran Gétique*.[14]

Constantin Porphyrogénète,[15] qui a laissé un écrit sur l'administration de l'empire grec, s'exprime à peu près dans les mêmes termes que Procope :

" A l'époque de Valentinien et Théodose, il y avait, " dit-il, entre le Danube et les régions hyperboréennes " beaucoup de grandes nations gothiques et autres; " les principales étaient les Goths, les Gépides, les " Vandales — différentes de nom seulement, mais pas " de langue."

L'auteur raconte les diverses migrations de ces peuples, à la liste desquels il ajoute beaucoup de noms

<hr>

[12] *De la Guerre Gothique*, liv. III.
[13] Liv. Ier, ch. 16.   [14] Vers 695.   [15] Page 56.

que j'aurai l'occasion de mentionner plus tard, lorsqu'ils se présenteront à leur tour; puis il termine en disant : [16]

" Mais nous avons maintenant assez parlé des " Scythes Hyperboréens."

Il me reste encore à ajouter à cette foule d'autorités celle d'Elius Spartien. Cet historien rapporte dans la Vie de l'Empereur Caracalla [17] le fait suivant :

" Ce souverain avait pris les surnoms de Germa-" nique, Parthique, Arabique, et Allemand, à propos " des victoires qu'il prétendait avoir remportées sur " ces divers peuples. Helvius Pertinax dit un jour, " en plaisantant : 'Il faut ajouter à tous ces titres " ' celui de Gétique-Très-Grand.' L'auteur du bon " mot entendait ainsi faire allusion au meurtre de " Geta par son frère Caracalla, parceque les Goths " étaient appelés Gètes."

Lamartinière [18] a fait à ce propos ce que je crois devoir appeler une attaque à faux sur l'assertion de Spartien, qui s'est contenté d'affirmer un fait matériel, dont la vérité est établie par tous les témoignages déjà mentionnés (c'est-à-dire *quod Gothi Getæ dicebantur*), auxquels on doit ajouter ceux de Saint Jérôme et de Photius. Le savant auteur du Dictionnaire de Géographie aurait dû admettre qu'une opinion généralement répandue doit avoir sa raison d'être. Il suppose qu'elle provient seulement d'une ressemblance de noms, et tombe lui-même dans la même faute, en hasardant sans preuves l'opinion que *les Gètes vinrent du pays de Gété en Asie, où ils étaient d'abord ; sur le Danube, où ils s'établirent. Et, de plus,*

---

[16] Page 134.   [17] Page 187 (édit. Rob. Steph., an 1544.
[18] Son Dict. Géog. (Art. Gété, Gètes, Goths.)

que ces Gètes étaient différents des Goths de la Germanie septentrionale.

Il reste seulement à rechercher : pourquoi les Goths étaient généralement appelés Gètes.

Comme j'ai déjà établi que les deux peuples étaient désignés sous le nom de Scythes, et que, de plus, ils possédaient en commun le trait distinctif : *des chevelures blondes,* on voit par là qu'ils appartenaient à la même souche. L'existence des Gètes sur les rives du Danube est antérieure à l'époque historique ; et nous manquons de monuments qui puissent trancher deux questions principales : 1° s'il y a eu émigration de leur part ; 2° d'où elle a eu lieu. Je suis du reste bien loin de me prononcer contre l'opinion de Lamartinière : *qu'ils venaient du pays de Gethah, ou Géthé, situé en Asie.* C'est aussi l'opinion d'Anville.

Ptolémée n'a parlé ni des Gètes du Danube, ni de leur pays. Mais justifiant en cela l'opinion de Pline, que les Gètes étaient appelés Daces par les Romains, ce géographe, quoique grec, a mentionné leur pays sous le nom de Dacie. Il faut néanmoins observer qu'il l'a placé plus à l'ouest, sur la rive gauche du Danube,[19] comprenant ainsi sous un seul et même nom la région que Strabon a divisée en deux, savoir : le pays des Gètes à l'est, et celui des Daces à l'ouest.[20]

Ce dernier auteur dit dans un autre endroit,[21] qu' " entre les Illyriens établis sur les côtes de la Mer " Adriatique, et les bords de la Propontide et de " l'Hellespont, où se trouvent les Thraces, on ne " rencontre que des Scythes ou des Gaulois."

Il convient de rapprocher de ce passage deux

[19] Sa Géographie, liv. III, ch. 8.
[20] Id., liv. VII, p. 17.   [21] Id., liv. VII.

extraits d'Apollon-le-Rhodien. Ce poëte grec, dans ses Argonautiques,[22] raconte qu' " un Alcyon volait " autour de la *blonde tête* de Jason endormi, et pré- " sageait par ses cris la fin de la tempête qui avait " tourmenté son navire." Plus loin, il rapporte[23] que, " les Argonautes, ayant mis en fuite les Bebryces, " s'assirent autour d'un grand festin et couronnèrent de laurier *leurs blondes chevelures.*"

Il semblerait, d'après cela, qu'à l'époque où vivait Apollon-le-Rhodien, la race qui possédait la Thessalie était distinguée par ses *cheveux blonds ;* ce qui s'accorderait très-bien avec le passage de Strabon cité plus haut, d'après ce que nous savons déjà sur la couleur de la chevelure scythe et gauloise. Mais il n'en est pas de même maintenant: les maîtres actuels de la Thessalie ont les yeux et les cheveux noirs.[24]

Malgré ce fait des temps modernes signalé par Lamartinière, je citerai à l'appui de mon opinion Solinus Polyhistor, dans le passage suivant sur les habitants des bords de la Mer Caspienne:[25] " At Albani in ore " gentes, qui posteros se Jasonis credi volunt, albo " crine nascuntur; canitiem habent auspicium capil- " lorum. Ergo capillorum color genti nomen dedit. " Glauca oculis inest pupilla: ideo nocte plus, quam " die cernunt."

D'autre part, Valerius Flaccus donne à Médée pour fiancé, avant l'arrivée de Jason en Colchide, le roi des Albains, dans trois passages de son Argonautique.[26] Il s'agit ici d'une alliance entre des familles de même

[22] Liv. Ier, vers 1,084.   [23] Liv. ii, vers 159.

[24] Lamart., *Dict. Géog.*, art. Thessalie.

[25] Page 70 (éd. de Lyon, in-12°, an 1558.

[26] Liv. v, 259; vi, 44; et viii, 153.

race ; car, d'après le même auteur,[27] Jason et le roi des
Colches étaient Scythes tous les deux. C'est ce que
démontrent les paroles qu'il place dans la bouche du
chef des Argonautes. S'adressant à Aëtes : " Roi de
la race des Titans," lui dit-il, " recevez mes présents
" en échange de cette toison qui appartint à Phryxus,
" et que je réclame comme l'un de ses descendants ;
" placez votre main dans la mienne, et constituons
" l'alliance des deux maisons Scythes."

De tout ce qui précède, il sera aisé de conclure
que la Thessalie est maintenant sous la domination
d'une race tout autre que celle des anciens Titans,
dont les fils conquirent la Toison-d'Or. Mais la
contrée d'où ils partirent est contigüe à une région
qui porte leur nom : l'Albanie actuelle, dont les
habitants sont appelés Arnautes par les uns, et Albanais par d'autres. Je me contente d'établir ici des
données aussi positives, afin d'en tirer plus tard des
conséquences plus étendues. Probablement, il existe
des rapports entre les Albani ou Argonautes des
temps antiques et les Albanais ou Arnautes de notre
temps.

Pline[28] a aussi répété cette tradition que les
Albains des bords de la Mer Caspienne descendaient
des compagnons de Jason.

A ces faits isolés, je dois en ajouter deux autres
encore plus significatifs. Pline[29] donne le nom de
Scythes Satarches à un peuple de la Kersonèse-
Taurique, mentionné aussi par Ptolémée[30] sous la
seule désignation de Satarches. Or, ce peuple avait
pour trait distinctif : la *chevelure blonde* : d'après les

[27] Liv. v, vers 472.   [28] Liv. vi, ch. 15.
[29] *Hist. Nat.*, liv. iv, ch. 26.   [30] Liv. iii, ch. 6.

deux vers suivants, extraits de l'Argonautique de
Valerius Flaccus : [31]

> " Jungit opes Eumeda suas : sua signa secuti
> Exomatæ, Torinique, et *flavi crines Satarchæ*."

Ainsi que l'on peut s'en assurer, en lisant tout son
passage, beaucoup trop long pour être transcrit ici,
l'auteur a bien voulu désigner les Satarches de Pline
et Ptolémée. Appien [32] rapporte que Mithridate, roi du
Pont, lorsqu'il se préparait à entreprendre sa troisième
guerre contre les Romains, reçut dans son armée
quelques peuples sarmates, venus de la partie européenne du Bosphore, parmi lesquels se trouvaient les
Corals. Les deux vers suivants d'Ovide [33] établissent
que leurs cheveux étaient de la même couleur que
ceux des Satarches :

> " Hic mea cui recitem, nisi *flavis* scripta *Corallis*,
> Quasque alias gentes barbarus Ister habet."

Je terminerai cette série de faits isolés par un dernier, qui doit aussi trouver place ici, parce qu'il appartient à la philologie.

Jornandès raconte — toujours d'après les Annales
des Goths par Ablabius — que ce peuple, longtemps
après sa sortie de la Scanzie, c'est-à-dire sous son
cinquième roi depuis cette époque, se décida à une
nouvelle émigration pour excès de population. Il fut
arrêté en commun que l'armée, accompagnée de toutes
les familles, se rendrait chez les Scythes, que dans
leur langue ils désignaient sous le nom de *Ouim*,
établis sur le Pont-Euxin. Cette décision reçut par
la suite son plein et entier effet.

[31] Liv. vi, vers 144.   [32] *Guerre de Mithr.*, ch. 60.
[33] *Lettre du Pont à Sévère*, IIᵉ, liv. iv.

En comparant cette appellation avec celle de *Scutai* (donnée aux Scythes par les Grecs sans cause connue), on s'aperçoit que les deux possèdent une acception semblable dans la langue romane. Effectivement, en catalan le mot *Oüim* signifie *entendons*, tandis que l'expression *Scutaï* se traduit par *écoutez*. Sans donner à ce fait plus d'importance qu'il n'en mérite, j'ai cru cependant devoir le signaler, parce qu'il fortifie mes opinions, et que, de plus, il doit avoir sa raison d'être, qui m'est encore inconnue, mais tout autre probablement que le hasard.

Pour clore l'article des Gètes ou Goths, il me reste encore un dernier fait à mentionner; mais ce n'est qu'en passant.

Ce peuple, en mêlant son sang à celui d'autres races, distinguées par des traits caractéristiques différents des siens, n'en conserva pas moins son nom, qui fut ajouté à celui de ses nouveaux associés. De cette sorte de mariages paraissent être nés: les Massagètes, les Thyragètes, Thyssagètes ou Thyrsagètes, les Indigètes, les Ilergètes, les Sargètes. Comme ce sont là des peuples mixtes et que dans ce moment je m'occupe seulement de ceux qui, dans mon opinion, appartiennent à la race *scythe* pure, je renvoie toute discussion à leur sujet un peu plus loin. Il convient, toutefois, de faire observer que nous devons rencontrer en temps et lieu, sur les deux versants des Pyrénées orientales, ces mêmes Gètes encore en compagnie de leurs frères *scythes* de diverses autres branches, tous plus ou moins mêlés ou croisés.

Je passe maintenant aux Alains. L'origine scythe de ce peuple est établie d'une manière authentique par le témoignage de divers auteurs tant grecs que latins.

Pline [34] les classe ainsi dans le dénombrement du
XXVe chapitre de son histoire naturelle déjà cité;
et les place entre les Troglodytes et les Roxolans.
Denys le Périègète [35] les donne comme voisins des
Daces, Bastarnes, Gètes et Sarmates.

Ptolémée [36] dit comme Pline, quant à leur origine.
Il les appelle *Alains Scythes* Ἀλαυνοι Σκύθαι et fixe leurs
terres entre les Jaziges et les Roxolans; ce sont les
mêmes.

Procope [37] dans son histoire sur la guerre des Vandales dit : " que ce peuple forcé de quitter les rives
" du Palus Méotis, où il se trouvait, par le défaut de
" vivres ; s'adjoignit les Alains, Goths d'origine; et
" que les deux nations réunies se transportèrent sur
" le Rhin, chez les Germains maintenant appelés
" Franks."

Amien Marcellin [38] est parmi les auteurs de l'antiquité celui qui nous a laissé les plus longs détails
sur les Alains, qu'il appelle : les anciens Massagètes.
Il se trouve donc d'accord avec Procope quant à l'origine gétique.   Le portrait qu'il en donne correspond
aussi parfaitement à ce que nous savons déjà.   " Les
" Alains, dit-il, sont presque tous grands et beaux,
" leurs cheveux médiocrément blonds, terribles par
" la férocité tempérée de leurs yeux, rapides par la
" légèreté de leur armure. Une partie de cette nation
" habite entre le Danube et le Tanaïs (le Don), limite
" de l'Europe et l'Asie; l'autre occupe les vastes dé-
" serts de la Scythie asiatique."

Il n'est pas étonnant que tel auteur les classe parmi

[34] Liv. iv.   [35] Voir sa Description de l'Univers, vers 305.
[36] Voir sa Géographie, Liv. iii, ch. 5.
[37] Liv. i, ch. 8, p. 182.   [38] Liv. xxxi, p. 614 à 620.

les Scythes; tel autre parmi les Massagètes ou les Goths. Dès que nous connaissons la *couleur blonde* de leur chevelure, qui était le trait caractéristique principal de toutes ces nations; il nous est facile d'expliquer cette diversité de classification.

Je vais m'occuper des *Sclabes ou Esclavons*, maintenant *Slaves*. Constantin Porphirogenète [39] est le seul auteur qui ait classé parmi les *Scythes Boréens* ou septentrionaux, dans son livre sur l'administration de l'empire, des peuples qu'il appelle Σκλάβοι et Σκλαβηνοί. Je n'emploierai que la dernière de ces désignations, le mot *Slaves*. Inconnus aux auteurs les plus anciens, ils n'aparaissent que tard dans l'histoire : entre le 5e et le 6e siècle de notre ère. Procope [40] dit que les Hérules, jadis au-delà du Danube, se rendirent à l'île de *Thule* (Islande) en traversant *les terres des Slaves*, des Warnes, des Danois, où ils s'embarquèrent pour leur destination. Ce passage donne une idée plus ou moins exacte du pays alors habité par ces *Slaves* que Procope appelle Σκλαβηνῶν ; et démontre qu'il fesait partie des régions *scythiques* ou *sarmatiques*. D'après Zonare [41], les Hérules étaient *Scythes* eux-mêmes, et *Goths*.

Jornandès [42] dit que les *Slaves* appartenaient à une ancienne nation, d'abord connue sous le nom de *Venètes*, qui comprenait aussi les *Antes* ; mais divisée en trois à son époque, sous ces trois noms, quoique *de même origine*.

Procope [43] associe ensemble les noms des *Antes* et des *Slaves* sur la rive gauche du Danube. "Chaque

[39] Ch. 43, etc.   [40] Voir de la *Guerre des Goths*, liv. ii, ch. 15.
[41] *Annal.*, l. xii, ch. 24.   [42] *De Rebus Geticis*, p. 64 et suiv.
[43] Voir *Guerre des Goths*, liv, iii, ch. 14.

" nation," dit-il, " a sa langue barbare, et ils ne dif-
" fèrent guère entr'eux par le corps. Tous sont de
" haute taille et vigoureux. La couleur de leur peau
" n'est pas très blanche, ni leurs cheveux très blonds,
" ni noirs non plus ; mais *bien roussâtres*, et cela chez
" tous. Leur caractère n'est ni malveillant, ni per-
" fide, mais assez simple. Ils n'eurent jadis qu'un
" seul nom, celui de *Sporos*." Ce dernier mot ne
fournit aucune nouvelle lumière sur l'origine primitive des *Slaves*. Mais la désignation de *Veneti* que
leur attribue Jornandes nous servira à remonter un
peu plus loin que le V⁰ siècle de notre ère dans leur
existence antérieure. Ainsi, nous apprendrons avec
Ptolémée, que de son temps : " toute la partie de la
" Sarmatie européenne située sur le golfe *venédique*
" était à peu près occupé par des nations *venèdes*.."

En rapprochant ce passage de celui que j'ai extrait
de Procope sur la *couleur roussâtre de leur chevelure*,
il sera aisé de conclure, que les *Slaves* étaient *Sarmates*, c'est-à-dire *Scythes*, d'origine primitive. Cet
auteur dit positivement que leur chevelure n'était pas
noire, quoiqu'elle ne fut pas d'un *blond clair*, mais
foncé. Nous avons déjà vu que Pline classe les *Sarmates* parmi les *Scythes*.

Strabon [44] donne sur les *Venètes* quelques détails
dignes d'intérêt. D'après lui, ce peuple fait partie
de la nation des Belges habitants des bords de l'océan.
Or, nous savons par Ammien Marcellin [45] : " que les
" Belges étaient les plus robustes des Gaulois, tous
" de haute taille, ayant le teint presque blanc, avec
" des *cheveux roux*, et un regard que son expression
" farouche rendait terrible." Le géographe Grec fait

[44] Liv. IV et V   [45] Page 96 et suivantes.

connaître la manière dont ils construisirent leurs navires à l'époque de César, auquel ils s'opposèrent dans
son expédition aux Iles Britanniques. Plus loin il
pense que les *Venètes* du Golfe Adriatique doivent
leur origine à ces mêmes *Venètes Belges*, et sont une
de leurs colonies. Il partage en cela une opinion
très répandue. Néanmoins il en fait connaître une
autre établie à côté de celle-là, et suivant laquelle ils
descendaient de ces *Venètes* qui, après la guerre de
Troie, se rendirent dans la Paphlagonie sous les ordres d'Anténor, et plus tard sur le Golfe Adriatique.
On fonde cette dernière opinion sur la réputation antique dont ils jouissaient: de bien connaître l'art d'élever des chevaux; et sur un vers d'Homère[46] qui
vante la force des *mulets venètes*. Strabon ajoute que
Denys, tyran de Sicile, entretenait chez eux des haras,
qui lui fournissaient ses chevaux pour les courses publiques. Que, de plus: " les *Venètes* sacrifiaient un
" cheval blanc à Diomède, et possédaient deux bois
" sacrés, l'un dédié à Junon d'Argos, l'autre à Diane
l'Etolienne.

Des auteurs plus modernes, tels que Pierre de
Duisburg[47] et Gaspard Hennenbergein,[48] qui se sont
occupés de l'origine des anciens Borussiens, établis
sur la côte de la mer Baltique, dits Sarmates par Ptolémée; supposés aussi vers les mêmes lieux où se trouvaient les *Venèdes* de cet auteur; font mention d'un
sacrifice semblable. D'après eux, au 13ᵉ siècle de
notre ère, époque où le Christianisme fut introduit
dans la Courlande et pays adjacents, à la pointe du
glaive des chevaliers teutoniques ; les Lithuaniens

[46] Voir *Illiade*, liv. II.   [47] Voir sa Chron., p. 79 et suiv.
[48] Voir *Beschreibung des Landes von Preussen*, p. 7 et suiv.

et leurs voisins offraient encore à leurs divinités sur un bucher : "un *cheval blanc* après une longue course qui avait épuisé ses forces."

Ceci peut servir à démontrer que l'opinion personnelle de Strabon était préférable à la seconde, et que les *Vénètes* de l'Adriatique descendaient des *Vénètes Sarmates* de la Baltique, ou des *Vénètes Belges*, qui constituaient une même race avec les premiers. Ce qui le prouve, c'est que Tacite [49] ignore s'il doit classer les *Vénètes* parmi les *Germains* ou les *Sarmates*. Il constate simplement que ce peuple a beaucoup pris des mœurs des *Peucins* dits *Bastarnes*, Germains par leur langue, religion et domicile, mais mariés souvent à des femmes *Sarmates*. Il conclut en disant : " que les *Vénètes* devraient être compris parmi " les nations *germaniques*, parce qu'ils bâtissent des " maisons, portent des boucliers et vont à pied ; usages " tout à fait étrangers aux *Sarmates* qui ne vivent " que dans leurs chariots, ou sur leurs chevaux."

Polybe [50] parle des *Vénètes* du Golfe Adriatique comme d'un peuple *très ancien*, dont les poëtes se sont beaucoup occupés. Il reconnait qu'ils sont semblables aux Gaulois en tout, sauf qu'ils se servent d'une langue différente. Ils étaient associés aux *Cenomans* lorsqu'ils vinrent au secours de Rome attaquée par les Gaulois. La forme que Polybe employe pour désigner ces deux peuples est : Ἐνετοὶ καὶ Κενόμανοι.

Parmi les peuples scythes, Pline mentionne encore les : *Rhoxalani* [51] qu'il place immédiatement après les *Alains*. Aucun témoignage bien précis et bien complet n'est encore venu m'éclairer sur ce peuple dont

[49] Voir *Mœurs des Germains*.   [50] Voir ses Hist., liv. ii.
[51] Voir passage cité.

le nom et le voisinage indiquent suffisamment une certaine parenté avec les *Alains*.   Par la combinaison de quelques éléments éparts, j'en suis arrivé à conclure qu'il faut les appeler: *Roux-Alains*, ou peut-être: *Alains* de *Russ*, ville très-ancienne à l'embouchure du *Niemen*, et sur le golfe *Vénédique* de Ptolémée.   Je fonde mon opinion sur les autorités ci-après.

L'auteur des Annales Bertiniennes rapporte[52] : que le 15 des Kalendes de Juin 839, Louis le Débonnaire reçut une ambassade de l'Empereur Grec, Théophile. Elle était accompagnée de quelques envoyés qui se qualifiaient eux mêmes: *Rhos* de nation, sujets du Roi Chacanus.   Ils venaient de Constantinople où ils avaient été envoyés en mission par leur souverain; et pour éviter les périls du retour dans leur patrie à travers des peuples féroces, ils avaient suivi l'ambassade Grecque.   Louis le Débonnaire ayant découvert qu'ils appartenaient à la nation des *Suédois* (*Sueonum*) les fit enfermer, et chercha à s'assurer s'ils n'étaient pas plutôt des espions que les envoyés d'un souverain ami.

Luitprand, dans son ouvrage : *De rebus per Europam gestis,*[53] chap. vi., intitulé : " De Nordmannis " Russis: et de pugna navali Romani (imperat.) cum " Ingero rege Russorum seu Nordmannorum," s'exprime ainsi :

" Gens quædam est sub aquilonis parte constituta : " quam à *qualitate corporis* Greci vocant *Russos :* " nos vero à positione loci vocamus *Nordmannos.*"

Si l'on consulte le : λεξικον επιτομον της Ελληνικης γλωσσης — Αθηνησιν — 1839 — on trouve que le mot grec ῥοῦς signifie en français, Roux; et que ρουσιωδης,

<hr>

[52] Col. Bouq., vol. 6, p. 201.   [53] Liv. v, p. 26, éd. de 1544.

signifie Roussâtre. Or ces deux expressions ne se rencontrent pas avec ce sens chez les plus anciens auteurs Grecs, qui l'emploient seulement en terme de cuisine, que nous traduisons: *Roussi*.

Meursius, dans son glossaire Grec-barbare, cite Nonnus et Achmes comme ayant employé le mot: 'Ρούσιος[54] dans le sens de Roux, ou blond ardent.

Il faut donc conclure que les modernes Hellènes ont emprunté, dans une époque difficile à déterminer, cette acception au vocabulaire de la langue Romane.

En effet, en Catalan le mot: *Rous*, signifie: blond; *Rousset* signifie légèrement blond, car c'est un diminutif. De plus: *Roitg* (prononcez: *Rotche*) signifie: blond ardent, et le terme de cuisine est: *Roussit*.

Ptolémée [55] classe parmi les peuples de la Sarmatie Européennes les *Roxolans*, qui occupent diverses régions écartées les unes des autres. Il y en a sur les Palus Méotis près des *Jaziges*; sur la courbe du Don près des *Osyles*; d'autres près des *Reucanales* et *Exobigytes*; et enfin près des *Chunes*. (Huns?)

Strabon [56] désigne comme: " les premiers rencontrés " parmi les *Scythes*, des *Rhoxolans* qu'il place sur les " bords du Borysthène; tout autres que ceux qui " habitent vers la région des Iles Britanniques et que " l'on trouve les derniers." Mais dans un autre livre,[57] il appelle *Rhoxans* un peuple des bords du Borysthène, qui est évidemment le même. Il ne donne aucun détail sur leurs traits caractéristique; décrit seulement leur genre de vie qui est à peu près celui de tous les Nomades; et raconte que l'armée de Mithridate Eupator détruisit, en nombre inférieur,

---

[54] Voir ce mot dans son Glossaire.　　[55] Liv. iii, ch. 5.
[56] Liv. ii.　　[57] Liv. vii.

50,000 de ces *Rhoxans* barbares, qui vinrent combattre presque nus, avec des cuirasses et casques en cuir de bœuf, boucliers d'osier entrelacé, piques, arcs et glaives pour armes offensives et défensives, contre des troupes mieux équipées et disciplinées.

On ne saurait élever aucun doute sur l'explication donnée par Luitprand, auteur contemporain, qui écrivait les choses de son temps. Ses *Russes* sont bien les mêmes que les *Rhos Suédois* des annales Bertiniennes; et les Grecs avaient bien raison en leur donnant l'épithète de *blonds*, car c'étaient les mêmes hommes que nous connaissons sous le nom de *Normands : Scandinaves* à la blonde chevelure. Cela établi, il reste à démontrer que ces: Rhos, Russi, ou ροῦς, sont les mêmes que les *PΩΞΟΛΑΝΟΙ* de Ptolémée, les *PΩΞΑΝΟΙ* de Strabon, et les RHOXALANI de Pline. C'est assez facile, du moins quant à l'identité de race, car les Rhoxolans de Strabon et Pline sont *Scythes;* ceux de Ptolémée sont *Sarmates* ce qui revient au même, c'est-à-dire, tous blonds; d'après la longue discussion qui précède. D'autre part nous savons que ces *Russes* sont Suédois ou Normands, et qu'ils ont la chevelure de même couleur que les *Scythes*. Quant à la parenté qui peut exister entre les *Alains* et les *Roxolans* on ne peut la mettre en doute; puisque les deux peuples sont *Scythes*; et que de plus les *Rhos* sont blonds comme les *Alains*, avec cette différence néanmoins, que d'après Procope, ces derniers ne le sont que médiocrement. Est ce par suite d'un croisement avec quelqu'autre peuple aux cheveux noirs, ou par suite d'un long séjour dans un pays plus chaud? C'est ce qu'il est impossible de vérifier. Entre les *Rhos* et les *Alains* il n'y a que la différence de nationalité. S'ils se sont combinés pour constituer un peuple nouveau : Les *Rhoxolans*; ce nouvel être politique a du conserver les traits caractéristiques de la race *Scythe* à laquelle ils appartiennent tous les deux. Or, il n'est pas permis de douter de ce fait[58] : que les anciens reconnaissaient l'origine du *Scythe* à certains traits bien établis et déterminés; en face d'un passage très-concluant de Strabon dans lequel il est dit : " que quelques peuples sous le parallèle du Mont " Taurus sont jugés Scythes, d'après leur ressemblance " extérieure; quoiqu'on ignore si quelque armée a " pénetré chez eux, ou chez les plus septentrionaux " des Nomades."

Ni Hérodote, ni Thucydide n'ont mentionné des *Rous*, des *Alains*, ou des *Roxolans*. Homère employe le mot : ξανθὸς, en parlant du blond Ménélas. Le terme : ῥοῦς pouvait exister déjà dès son époque dans le Grec Vulgaire, avec l'acception de blond.

Constantin Porphyrogenète divise les rameurs de la Chiourme Impériale en deux races : les blonds et les noirs, ou si l'on veut : les Russes et les Maures : τῶν ῥουσιῶν καὶ τῶν μαυρῶν. De son temps l'expression signifiait à la fois : Russe et blond, car il dit autre part : les Kasares, Turcs, ou Russes, ou quelqu'autre que ce soit des nations Scythiques et Boréales. Εἴτε Χάζαροι, εἴτε Τοῦρκοι, εἴτε καὶ Ῥῶς. Il n'observe qu'une légère différence d'ortographe entre les deux. De même que cet Empereur,[59] la langue Romane ne connait que deux grandes races qu'elle distingue par les mots de *Morou* et *Rous*, c'est-à-dire *brun* et *blond*. Sous Constantin, les Grecs fesaient de même.

Il n'est donc permis de considérer comme suffisam-

---

[58] Liv. XII. [59] *De l'Admin. de l'Emp.*, ch. XI et LI.

ment démontré, que le fait suivant : Depuis le commencement de notre ère, jusqu'au 10e siècle, deux expressions parfaitement synonimes, mais d'un côté seulement, ont été employées par les Grecs et les Romains, pour désigner des peuples au poil roux ; ce sont : *Scythes* et *Rousses*. La première, avait quelquefois un sens étendu et s'appliquait à tous les peuples de cette race ; je l'ai demontré. D'autres fois, elle ne s'appliquait qu'à une tribu de cette même famille, dont le nom particulier était inconnu. Que la couleur de ses cheveux offrit à l'œil une nuance de châtain plus ou moins foncé, ou bien de blond plus ou moins ardent, peu importait. La tribu était Scythe, et personne ne s'y trompait.

La deuxième expression, qu'elle prenne la forme de : *Rousses*, *Roussiens*, ou *Roussalains*, n'était employée que pour désigner quelques peuples de la même famille, dont les cheveux offraient une certaine nuance spéciale de la couleur blonde, et qui habitaient, ou étaient supposés habiter : les bords de la mer Baltique. C'est parmi les Scandinaves de nos jours, les Écossais, et quelques populations de la Russie, qu'il faut chercher les *Rousses*, comme offrant cette nuance de *blond-ardent* qui leur fesait attribuer ce nom, à ce que je crois. Ainsi, d'après Latham,[60] les *Esthoniens* donnent encore aux Suédois le nom de *Rousses*. D'autre part, Hupel rapporte,[61] que les Russes de nos jours donnent l'épithète de *Tchoudes*, c'est-à-dire *étrangers* aux *Fins* et *Esthoniens* ; tandisque ces deux derniers peuples sont appelés *Iggauns* par les *Lettes*. Je constate seulement ces faits. J'y reviendrai pour en tirer toutes les conclusions qui en découlent.

[60] *Nations of Europe.*   [61] *Neue nordische Miscell.*, vol. 1—4, p 78.

A partir du x⁰ siècle, le terme Scythe commence à perdre pour ne plus la retrouver, l'acception que lui ont donnée les anciens auteurs. Constantin Porphyrogenète, qui écrivait entre 900 et 950, me paraît être l'un des derniers qui l'ont connue et employée sainement. Quand nous reverrons cette expression, sous la plume d'écrivains beaucoup plus modernes, nous ne la reconnaîtrons plus, tant sa vétusté l'aura transformée. Ce sera bien toujours le même mot, employé avec prétention et solennité; seulement, il ne désignera plus qu'un mélange de peuples appartenant à toute sorte de races, et servira de synonime à l'expression vulgaire: *Tartares Nomades*.

Mais au x⁰ siècle, nous trouvons déjà généralement établi le terme Rousses qui va dorénavant remplacer celui de Scythes. Pendant bien des générations il maintiendra son acception primitive, pour subir définitivement le même sort que celui auquel il a succedé, et recevoir une démonétisation aussi complète que son prédécesseur. Ainsi vont éternellement les langues; de transformation en transformation. Maintenant, personne ne sait au juste ce que signifièrent les appellations Scythe et Rousse, lorsqu'elles furent créées primitivement.

Il me reste à signaler une distinction assez importante.

De tout ce qui précède, il ne faudrait pas conclure que les anciens auteurs, pas plus que le vulgaire de leur temps, ayent jamais eu l'intention d'attribuer ces deux désignations à toutes les populations blondes. Tant s'en faut. Il ne suffisait pas à leurs yeux qu'un peuple possédât une chevelure de cette couleur pour être qualifié Scythe ou Rousse. Il fallait encore qu'il

fut à l'état de Semi, ou, tout à fait Nomade; et con-
stituât ce que nous appelons maintenant une horde.
Quoique ce principe ne soit pas absolu, cependant, on
voit assez généralement que, lorsque cette aggrégation
de tribus qui la formait venait à s'établir sur le sol
d'une manière stable et permanente, après l'avoir con-
servée encore quelque temps; elle finissait à la longue
par la perdre tout à fait. On en voit un exemple
remarquable dans les Germains qui, Scythes d'abord,
avaient fini par ne plus être considérés comme tels,
dès que renonçant à habiter leurs charriots, asile
primitif du Nomade, ils s'étaient mis à construire et
habiter des maisons en bois. C'est ce qui les distin-
guait, comme on l'a vu, des Sarmates leurs voisins
encore appelés Scythes, parcequ'ils vivaient dans
leurs chars toujours errants et vagabonds. On peut
dire la même chose des Gaulois, frères des Germains,
ainsi qu'on l'a vu, par conséquent, Scythes d'origine
comme eux, mais parvenus plutôt à un certain degré
de civilisation. Pour bien établir cette communauté
d'origine entre les deux peuples, qu'il me soit encore
permis d'invoquer ici deux nouveaux témoignages:
1°. celui de Diodore de Sicile; 2°. celui d'Ammien
Marcellin. Le premier dit[62]:

" Les Gaulois sont de taille élévée, carnation molle,
" peau blanche, cheveux naturellement *blonds,* couleur
" dont ils augmentent la vivacité par une lessive de
" chaux."

Le second auteur s'exprime ainsi[63]:

" . . . Les Belges, les plus robustes des Gaulois,
" qui du reste sont tous de haute taille et presque
" blancs, avec des *cheveux roux,* terribles par l'expres-

[62] Liv. v, ch. 26.   [63] p. 96 et suiv.

" sion farouche de leur regard, avides de querelles, et
" superbement arrogants."

On a déjà vu à ce sujet le passage de Strabon qui
constate les mêmes faits ; de sorte qu'il me sera permis
dorénavant de dire sans obscurité : les Gallo-Scythes,
lorsque parmi les races d'origine diverse établies sur
le sol de la Gaule, je voudrai désigner celle que carac-
térise une *chevelure blonde.* Les questions relatives
aux Celtes, Aquitains, ou autres peuples de ce pays
se présenteront plus tard ; ce n'est pas ici leur place.

Les observations qui précédent trouvent leur appui
dans divers passages du dernier auteur mentionné,
qui lui même en cite d'autres. Ainsi, il extrait du
quatrième volume de l'histoire d'Ephore,[64] ce qui suit :

" Cet auteur," dit-il, " après avoir décrit l'Europe
" jusqu'à la région des Scythes, observe qu'il existe
" des différences bien marquées entre les mœurs,
" usages, et manière de vivre des hordes Sauromates,
" ou des autres populations Scythes. Les uns sont
" féroces au point de se nourrir de chair humaine.
" D'autres excluent de leurs repas toute espèce de
" chair, même celle des animaux. Certains Scythes
" Nomades ne vivent que du lait de leurs jumens.
" Tous sont remarquables par leur équité que les
" poëtes ont beaucoup célébrée ; il faut ajouter aussi,
" qu'on n'a pas oublié de mentionner leur cruauté,
" tellement connue, il paraît, que personne ne s'en est
" jamais étonné. Anacharsis le Scythe doit être
" compté parmi les sept sages, à cause de sa haute
" intelligence, sa prudence et sa modération parfaites,
" et bien établies. Il nous a laissé trois de ses in-
" ventions . . . . ."

[64] Liv. vii.

Strabon[65] met encore en présence les diverses opinions plus ou moins fondées, ou contradictoires d'Erathosthène, Posidonius, Eschyle, Hésiode ou autres sur les mœurs et coutumes, lois et usages des Scythes. Je ne répéterai rien de ce qui est mentionné par Ephore. Certains les accusaient d'immoler leurs convives, les manger, et faire de leur crâne une coupe à boire; Eschyle dit tout le contraire. Hésiode parle, d'après Phynée, des Galactophages que l'on croit Scythes et affirme qu'ils vivaient sous l'empire de saintes lois, d'une manière très-sobre, ayant tout en commun : biens, femmes et enfants; et ne possédant rien qui pût tenter la cupidité d'un conquérant. D'après d'autres, les Scythes ignoraient l'art de thésauriser, et le vice de l'usure leur était tout à fait inconnu. Strabon conclut en admettant leur innocence et leur simplicité primitives; mais il pense qu'ils se corrompirent en s'établissant sur des bords maritimes méridionaux.

Evidemment, cet auteur se livre ici à un système d'idées confuses, beaucoup trop familier aux écrivains qui se sont occupés des Scythes; et qui jette de l'obscurité sur leurs passages. J'ai eu déjà l'occasion de signaler le fait en commençant cette discussion. Le vice de ce système consiste à employer la désignation de Scythes, tantôt dans un sens général, tantôt dans un sens particulier; et mêler tellement les deux acceptions que le lecteur finit par ne plus s'y reconnaître. Ainsi, après avoir parlé de tous les Scythes en général, quand il décrit la simplicité primitive de leurs mœurs, Strabon restreint l'acception du même mot et n'entend désigner dans sa conclusion que les Scolots d'Hérodote,

65 Liv. VII.

les seuls auxquels elle soit applicable. On sait effectivement [66] que partie des hordes nomades qui constituaient ce peuple, chassées de leurs terres par les
Massagètes Scythes eux mêmes, vinrent s'abattre sur
les bords du Pont Euxin et Palus Méotis où elles
s'établirent d'une manière stable et permanente vers
l'an 610 avant notre ère. Or, il semblerait, d'après
Strabon, qu'un contact continuel d'environ 6 ou 7
siècles, aurait inculqué à ces Scolots, tout ou partie
des vices de la civilisation Hellènique de l'époque où
il écrivait. Le portrait qu'il trace de ces imitateurs
Barbares des Grecs leurs modèles, s'il est vrai, n'est
guères flatteur; quoiqu'on puisse dire qu'à la longue,
tous les Scythes en sont venus à peu près au même
point; Gaulois ou Germains, Gètes ou Slaves, Daces
ou Russiens. Ces simples et innocents Scolots étaient
ainsi devenus, du moins d'après Strabon,[67] gourmands;
avides de toute sorte de raffinements et voluptés;
intrigants et avares; voleurs, et, enfin, meurtriers de
leurs hôtes. Comme on le voit, rien ne manque ici
de ce qui peut nous donner l'idée d'un peuple com-
plètement corrompu. En attribuant cette perversité
aux Scythes maritimes seuls, Strabon n'a pas eu l'intention d'attaquer la moralité des autres.

Certes, à l'époque où cet auteur écrivait, une
grande différence devait exister entre les Scolots du
Pont Euxin presque civilisés, qui produisaient déjà
des philosophes parmi eux; et ces Roussalains ou
Rhoxolans qui vivaient à peu près vers la latitude
des Iles Britanniques, ou plus haut; les derniers
connus des Scythes du pôle Nord, parceque, dit
Strabon, plus loin le froid rendait ces régions in-

[66] Liv. et ch. II   [67] Liv. VII.

habitables.   Quelques unes de leurs hordes, qui arri-
vées naguère sur le Borysthène, vinrent se briser
contre l'armée de Mithridate Eupator; montraient
par la misère de leur équipement militaire et de leur
habillement, l'état sauvage dans lequel se trouvaient
ces Scythes polaires.

Il formait un contraste frappant avec celui de ces
autres Scythes conquérans de la Bactriane déjà civi-
lisée, où ils avaient fondé un empire avant l'époque
d'Alexandre le Grand.[68]

Quinte Curce a observé en premier lieu,[69] que les
régions situées entre Bactres et le Tanaïs, c'est-à-dire
entre la ville de Balkh actuelle et le fleuve Sirt ou
Sihun, (d'après d'Herbelot et d'Anville), n'étaient pas
étrangères à toute civilisation; et secondement,[70] que
les Scythes, bien différents des autres Barbares,
n'offraient pas le spectacle d'une intelligence grossière
et sans culture.   Il ajoute même, ce qui est d'accord
avec les assertions de divers auteurs, que parmi eux
quelques uns se livraient à l'étude des sciences, et
réussissaient ; autant du moins que cela est possible,
chez une nation qui a continuellement les armes à la
main.

[68] Justin. liv. ii, ch. 1 et 3.   [69] Liv. vii, ch. 7.
[70] Ibid. ch. 8.

Chapitre III.

SCYTHES ARAMÉENS, HYPERBORÉENS. — ANTIQUITÉ DES PEUPLES SCYTHES. — LES ASCITES. — LES SYRIENS BLANCS OU CAPPADOCIENS. — LES SYRIENS BRUNS OU ASSYRIENS. — RAPPORTS COMMERCIAUX ENTRE LES ÉGYPTIENS ET LES SARDONES DES PYRÉNÉES ORIENTALES.

HIPPOCRATE a laissé sur l'organisation physique des anciens Scythes nomades du Palus-Méotis, quelques observations qui s'accordent bien avec ce que j'ai dit sur le type auquel ils appartenaient dans l'espèce humaine. D'après lui,[1] la peau de leur visage, de blanche qu'elle était primitivement, finissait à la longue par perdre cette teinte, sous l'impression du froid, parcequ'ils vivaient constamment en plein air. Le résultat de cette transformation était de donner graduellement aux Scythes un teint fortement coloré tendant au rouge olivâtre. Ils étaient sans poil, très-charnus, et même ils acquéraient beaucoup trop d'obésité. Pour réprimer cette tendance naturelle des races lymphatiques, à perdre leurs forces par suite d'une excessive transpiration cutanée — opération qui ramollissait aussi leur peau plus que leurs exercices guerriers ne le permettaient — les Scythes avaient recours à toute sorte d'expédients. La cautérisation de l'organe à l'aide d'un fer rouge était très-usitée parmi les nomades. Ils se l'appliquaient sur les épaules, sur les bras, la paume des mains, la poitrine, le sommet des cuisses et les reins. C'est ainsi qu'ils parvenaient à donner la résistance nécessaire à la

---

[1] *De l'Air, des Eaux et des Lieux,* ch. XLII et suiv.

tension de l'arc, ou au jet du javelot; à celles des
parties de leur corps que la nature avait primitivement créées trop molles pour ces fonctions. L'auteur
constate qu'ils diffèrent des nations qui les entourent,
mais qu'entr'eux ils sont très-ressemblants les uns aux
autres. Il les compare aux Egyptiens quant à l'unité
de traits et formes; mais avec cette différence, que les
premiers sont les enfants du froid, tandis que les
derniers sont les fils de la chaleur. Ces Scythes
nomades du Pont-Euxin et Palus-Méotis dont parle
ici le médecin de Cos ne peuvent être que les Scolots
d'Hérodote. Ces faces blanches qui deviennent rubi-
condes au contact d'un air vif; ces abdomens si dé-
veloppés; ces corps lymphatiques, imberbes, charnus,
couverts de graisse, sujets à d'abondantes transpira-
tions, — exhibent les traits caractéristiques de nos
peuples *flamands* d'aujourd'hui. C'étaient les Gaulois
belges de César, les Scythes Belces de Pomponius
Mela — tous peuples septentrionaux, chez qui l'hiver
était presque perpétuel, et l'été durait peu de jours,
suivant Hippocrate, appartenant à la même famille
que les Slaves, Germains et Scandinaves de nos jours.

Le passage dans lequel Pline[2] dit que les anciens
appelaient les Scythes: *Aramœi*, trouve son explication dans les paroles d'Hippocrate sur la coloration
de leur visage. En effet: l'auteur de l'*Histoire
Naturelle* emploie le mot *Æramen* dans le sens de
cuivre, quoique d'autres auteurs entendent par cette
expression: le bronze. Son acception me paraît la
mieux fondée, parceque dans la langue romane *Æram*
signifie encore de nos jours: cuivre. D'après cela,
lorsque les anciens donnaient aux Scythes la quali

fication d'*Araméens,* ils entendaient par là des peuples *cuivrés,* désignation qui s'accorde complétement avec ce que dit le médecin de Cos sur les vives couleurs de leur face. Il ne faut pas oublier qu'il s'agit seulement ici des Scolots; car tous les Scythes ne furent pas appelés Araméens, et ils n'offraient pas tous comme trait caractéristique un visage rubicond. J'expliquerai plus tard en quoi consistait, dans mon opinion, la différence établie par les anciens auteurs à cet égard, entre les Scythes *Scolots, Syrmates,* ou *Araméens* d'une part, et les Scythes Sarmates ou Sauromates de l'autre.

Ces type, caractère, désignation de *peuples septentrionaux,* étaient bien ceux attribués aux Scythes en général par les auteurs de l'antiquité. " Sur la " surface du globe terrestre, dit Strabon,[3] tout ce qui " est au nord appartient à la Gaule ou à la Scythie." Un peu plus loin il ajoute : " Jadis les anciens Grecs " donnèrent le nom de Scythes, ou Nomades, comme " dit Homère, aux habitants des régions septen- " trionales, parceque cette désignation était la plus " connue par son illustration. Plus tard, le progrès " de la science fit donner aux peuples occidentaux les " noms des Celtes et d'Ibères, et même ceux mixtes " de Celtibères et Celto-Scythes, par suite de l'igno- " rance, qui confondait sous un même nom des peuples " divers. . . . Ephore plaçait les Indiens à l'orient, " les Ethiopiens au midi, les Gaulois à l'occident et " les Scythes au nord." Dans quelques autres pas- sages Strabon répète les mêmes observations; mais il s'étend plus au long sur le compte des Scythes en général. Après avoir répété que les premiers historiens

[3] Liv. 1ᵉʳ.

grecs ont appelés Scythes et Celto-Scythes tous les peuples du nord, il ajoute :[4] "Mais d'autres plus " anciens ont donné les noms de *Saces* et *Massagètes* " à ceux qui habitent à l'est de la Mer Caspienne ; les " désignations de Sauromates, Hyperboréens et Ari- " maspes à ceux que l'on trouve au-dessus du Pont- " Euxin, de l'Ister et de la Mer Adriatique. Au-delà " de la Mer Caspienne, la plupart des Scythes sont " appelés *Dahes.* Quoique tous ces peuples soient " généralement connus sous le nom de Scythes, chacun " d'eux n'en possède pas moins son nom spécial. Ils " sont presque tous nomades. Les plus connus parmi " ces derniers sont les Asies, Pasianes, Tochares et " Sacaraules, qui ont enlevé aux Grecs la Bactriane. " Les Saces ont donné le nom de Sacasène, d'après le " leur, à la meilleure partie de l'Arménie, qu'ils ont " conquise sur ses possesseurs." Strabon a oublié les Sères, connus par leur fabrication d'étoffes précieuses ; ainsi mentionnés par Denys-le-Périgète[5] et Pline ;[6] Scythes évidemment, surtout d'après ce dernier auteur, qui leur donne une chevelure d'un blond ardent, des yeux bleus et une taille très-élevée.

Diodore de Sicile[7] rapporte à peu près les mêmes faits, quoique dans un ordre différent. Il s'occupe d'abord des " Scythes, habitants d'une région limi- " trophe de l'Inde, qui, par une longue suite d'exploits, " étendirent leurs conquêtes jusqu'à l'Océan Oriental, " la Thrace, le Palus-Méotis, et pénétrèrent même " jusqu'en Égypte." On voit qu'il s'agit encore ici des Scolots d'Hérodote. Plus loin[8] il dit ceci : "Au- " dessus de la Gaule, et vis-à-vis la Scythie, on trouve

<hr>

[4] Liv. xi.

[5] Vers 753 et suiv.

[6] Liv. vi, ch. 20 et 21.

[7] Liv. ii.

[8] Liv. v.

" dans l'océan une île nommée Basilée." Nous sommes maintenant sur les côtes de la Mer Baltique, puisque l'auteur parle du succin que les flots jettent en abondance sur cette île Basilée; et c'est ici la Sarmatie ou Scythie de tous les auteurs, car les limites septentrionales de ces deux contrées limitrophes étaient inconnues aux anciens. Dans un autre passage il dit que l'on donne le nom de Gaulois à tous "les peuples " établis au-delà de la Celtique, vers l'océan et les " monts Hercyniens, et qui occupent toute cette " immense région jusqu'à la Scythie, espacés les uns " après les autres." Il ajoute même une observation qui n'est pas à dédaigner, c'est "que les enfants de " ces Gaulois naissent la plupart avec des cheveux " blancs, mais qu'en avançant en âge, ils prennent la " couleur de la chevelure paternelle." Evidemment, il s'agit ici de ce blond pâle naturel aux nouveaux-nés des peuples septentrionaux non-mélangés avec d'autres races au poil brun. Il termine en disant que " parmi tous ces peuples gaulois, le plus barbare, que " l'on croit même anthropophage comme les Bretons " de l'Iris, habite sur les confins de la Scythie, vers " la constellation de l'ourse." Je dois mentionner en passant les Hyperboréens, placés par Diodore de Sicile d'une manière assez vague dans une île de l'océan à l'opposite de la Celtique, parceque Ptolémée [9] donne ce nom à des Sarmates, qui habitent des terres situées sur les confins des régions inconnues, vers le nord, à ce qu'il dit. Le premier auteur s'étend beaucoup sur le compte de ces Hyperboréens, qui ont leur propre langue, connue des Grecs, à ce qu'il assure, et parle d'une alliance qu'ils contractèrent avec les Déliens par

[9] Liv. x, ch. 9.

l'intermédiaire d'Abaris, leur ambassadeur. Hérodote
et d'autres auteurs se sont aussi occupés des Hyperboréens. Mais Ptolémée est celui qui nous apprend
ce que nous désirons ici savoir : lorsqu'il les appelle
Hyperboréens Sarmates. Ce dernier mot ne nous
laisse aucun doute sur leur origine. C'étaient encore
des peuples scythes, habitants de la Sarmatie Asiatique ; qui avaient au midi des Sarmates, dits Basiléens ; et d'autres peuples de même origine, surnommés
Hippophages, séparés entr'eux par des Modoces.

Au nord de l'Europe et de l'Asie occidentale (la
partie orientale leur étant inconnue), les auteurs de
l'antiquité s'accordent à placer sous divers noms particuliers : des peuples ou des hordes toutes d'origine
scythe, dont les terres s'étendent vers le pole boréal
sans limites déterminées. C'est invariablement par la
même formule qu'ils indiquent, ou plutôt qu'ils se
gardent de fixer le point septentrional extrême
qu'atteignait à l'époque historique l'empire de ces
races blondes aux nuances diverses. Mais ce qu'ils
affirment nous suffit ; et il nous est permis d'établir
notre conviction avec les éléments qu'ils nous donnent :
c'est que les Scythes étaient tous, quelque part du
globe qu'on les trouve du reste, des peuples primitivement d'origine septentrionale. Enfants de la
glace, comme les appelle Hippocrate, ils ont eu pour
terre-mère un sol glacé, les régions polaires ; et ils
portent sur leur corps le cachet distinctif de cette
origine qu'ils communiquent, jusqu'à un certain point,
aux races différentes d'extérieur avec lesquelles ils se
croisent.

La question une fois ramenée à ces termes, il de-
viendra beaucoup plus facile de discuter et mettre

d'accord les opinions si formellement contradictoires de quelques auteurs sur l'antiquité des Scythes.

Diodore [10] de Sicile constate, que diverses nations barbares, qu'il ne nomme pas, disputent aux Grecs le droit à l'ancienneté la plus grande. Quant à lui, il se prononce en faveur des prétentions des Egyptiens, " parce que," dit-il, " c'est en Egypte que les pre-
" miers hommes, observant le monde autour d'eux,
" furent saisis d'admiration en remarquant deux di-
" vinités primitives, antérieures à toutes, le soleil et
" la lune."

On verra par ce qui suit, que parmi les nations barbares, qui prétendaient à la plus grande ancienneté, il faut compter aussi les Scythes. Deux auteurs se sont fait les organes de cette haute prétention ; ce sont Trogue Pompée répété par Justin, et postérieurement Ammien Marcellin. Les passages où ces derniers auteurs en font mention seraient inexplicables, en face d'un extrait d'Hérodote totalement opposé à leur dire ; si nous ne savions déjà qu'à l'époque historique, les Scythes étaient divisés en peuples ou hordes nombreuses, qui, sous des noms divers, séparées depuis bien des siècles de la souche mère ; avaient complétement perdu toute connaissance de leur origine primitive. Faisons parler d'abord Hérodote : [11]

" Les Scythes disent que leur nation est la plus
" moderne de toutes celles qui existent sur la terre,
" et qu'elle commença de la manière suivante : La
" Scythie était jadis un désert. Un homme y naquit
" le premier, fils, à ce qu'on dit, de Jupiter et d'une
" fille du Borysthène. Son nom était Targitaüs . . ."

<hr>

[10] Liv. I.   [11] Liv. IV.

Je passe sous silence une fable sans intérêt, pour
m'arrêter aux paroles suivantes :

" Les Scythes ajoutent, que depuis cette époque
" et leur souverain Targitaüs jusqu'à celle, où Darius
" envahit leur pays, il y a mille ans au plus, mais pas
" moins, tout bien compté."

Comme l'invasion de ce Darius qu'Hérodote [12] appelle fils d'Hystaspe (d'après un monument qu'il cite)
eut lieu l'an 508 avant notre ère, à ce qu'il paraît,
c'est-à-dire environ un siècle après l'établissement des
Scolots Scythes sur le Pont Euxin ; il s'ensuit qu'ils
s'attribuaient une ancienneté de 1,600 ans antérieure
à Jésus Christ.   En repoussant comme inadmissible
ce que contient de trop fabuleux la tradition relative
à leur origine, tout en admettant comme à peu près
vrai ce qui reste une simple question de date, on pourrait, je crois, se mettre d'accord sur le fait suivant,
qui paraîtrait vraisemblable.   C'est qu'il y aurait
maintenant environ trente trois siècles et demi qu'une
ou plusieurs hordes scythes se séparèrent de la même
souche, pour constituer sous des chefs particuliers un
peuple à part, qui commença une longue série de migrations et une vie particulière sous le nom de *Scolots*.   J'ai dit déjà où il serait possible de retrouver
le tronc perdu de leur arbre généalogique.   Mais,
qu'un jeune rameau issu de ce même tronc se qualifie
de peuple très moderne ; ceci n'a rien de contradic-
toire avec les assertions avancées par Justin [13], lorsque,
parlant des Scythes en général, il discute leurs droits
à établir une antiquité plus grande que celles des
Egyptiens, et se prononce bien décidément en leur
faveur.   Je ne répéterai pas tous les arguments plus

[12] Ibid.   [13] Liv. II.

ou moins oiseux qu'il emploie en faveur des uns et des autres. Il me suffira d'observer, que pour lui comme pour Hippocrate, les Scythes sont les hommes du septentrion et du froid, par opposition aux Egyptiens, habitants du midi et des zônes torrides.

Du reste, le tableau que Justin nous donne des mœurs scythes, est parfait au point de vue de la morale. " Terres, toutes en commun, exemptes de bor-
" nage. Nulle agriculture, vie de pasteurs nomades.
" Les principes de toute justice gravés dans le cœur
" des Scythes, plutôt que dans leurs lois. Nul crime
" plus en horreur que le vol. Mépris de l'or et de
" l'argent. Nourriture de lait et miel. Vêtements
" en peaux de bêtes. Recevant de la nature cette
" modération que les Grecs n'ont pu obtenir : ni des
" doctrines de la science, ni des préceptes de leurs
" philosophes ; les Scythes produisent de meilleurs ré-
" sultats par l'ignorance des vices, que les premiers
" par la connaissance de la vertu." Ainsi que je l'ai déjà fait observer, des portraits de cette nature n'étaient pas applicables à toutes les hordes ou peuples de cette race, qui appartenaient les uns à la civilisation, les autres à la barbarie. Deux autres passages du même auteur sur le même sujet offrent un intérêt historique et chronologique à la fois. Voici le premier[14] :

" Imperium Asiæ ter quæsivere ; ipsi perpetuò ab
" alieno imperio aut intacti, aut invicti mansere."

Nous ne connaissons jusqu'ici que l'une des trois tentatives faites par les Scythes pour s'emparer définitivement de l'empire en Asie ; c'est celle racontée par Hérodote et qui ne dura que vingt-huit ans.

[14] Ibid.

Justin se contente de nous donner dans le peu de mots qui suivent, la date un peu incertaine d'une précédente invasion, mais si ancienne, qu'elle a effrayé la plupart des archéologues :

" His igitur Asia per mille quingentos annos
" vectigalis fuit. Pendendi tributi finem Ninus rex
" Assyriorum imposuit."

Ainsi, quinze siècles avant l'époque de Ninus roi d'Assyrie, les Scythes avaient déjà fait en Asie une invasion heureuse qui maintint leur domination dans ce pays jusque à ce qu'il y eut mis fin. S'il s'agit ici de ce Ninus, dont le nom est associé à celui de Sémiramis, et que sur l'autorité d'Hérodote et Bérose, on fait vivre vers l'an 1283 avant Jésus Christ ; il faudrait admettre que l'irruption la plus anciennement connue jusqu'ici des Scythes en Asie, aurait eu lieu plus de vingt-sept siècles avant notre ère. Comme Justin ne nous dit pas que leur nom particulier fut celui de Scolots ; la tradition qu' Hérodote place dans les récits de ce dernier peuple, et suivant laquelle il ne serait venu au jour que seize siècles environ avant Jésus Christ, ne contredit en rien l'assertion de Justin. On peut simplement conclure, que cette invasion en Asie avait été faite par d'autres peuples scythes, dont nous ignorons le nom particulier. Il resterait encore à examiner, si, des trois mentionnées par Justin, elle serait la première, ou simplement la seconde ; mais, ici, les documents manquent jusqu'à présent. Nul auteur, que je sache, ne s'est occupé, soit des détails, soit de la date de cette invasion tout à fait inconnue, sauf la mention précitée. A défaut de troisième terme et de détails plus satisfaisants, il me suffira de comparer entr' elles les deux dates qui établissent jusqu'à un certain point : l'une, la naissance des Scolots à la vie politique ; l'autre, l'existence déjà constatée des Scythes anonymes, leurs prédécesseurs, comme nation de conquérants. En déduisant en nombres ronds seize de vingt-sept, il résultera que les anciens Scythes ont une existence de plus de onze siècles antérieure à celle des Scolots. C'est donc avec beaucoup de raison que ces derniers se qualifiaient eux-mêmes de " nation très-moderne." Ils l'étaient en effet, comparativement aux autres Scythes que l'on peut appeler non pas *leurs aînés*, mais bien *leurs antiques aïeux*.

Ayant parlé d'Ammien Marcellin,[15] je dois rapporter ce qu'il dit sur le même sujet. Cet auteur, sans donner son opinion personnelle sur les prétentions opposées des Egyptiens et des Scythes à l'origine la plus antique, se contente de les enregistrer dans les termes suivants : " *Ægyptia gens omnium vetustis-* " *sima, nisi quod super antiquitate certat cum* " *Scythis.*"

Je ne saurais clore cette courte dissertation chronologique sans formuler une conjecture qui ne me paraît pas trop hasardée : c'est que, d'après les citations précédentes sur la couleur de la chevelure des Argonautes, leur invasion en Asie doit compter comme l'une des deux grandes tentatives faites par un peuple scythe pour dominer cette vaste et riche contrée, — invasion dont la date comme les détails nous sont encore inconnus dans leur réalité. Les traces de leur souveraineté sur le sol y sont très-apparentes, au dire de Strabon : soit d'après ces monuments en pierre dont il parle, mais sans longues explications, qui portaient encore de son temps le nom de Jasonea ;[16] soit

[15] Page 333.   [16] Strabon, liv. XI.

d'après d'autres traditions, attribuant le nom d'Arménie à la principauté qui échut à Armenus, né en Thessalie, et l'un des compagnons de Jason; soit encore d'après l'usage du voile, introduit par Médée; et autres traditions dans le même sens, relatives à l'habillement identique des Thessaliens et des habitants de l'Arménie, à cause de leur origine commune; et enfin, suivant la principale, " que Jason et Arme-" nus pénétrèrent jusques sur les bords de la Mer " Caspienne, parcourant l'Ibérie, l'Albanie, l'Arménie, " la Médie, et soumirent partie de ces contrées." Diverses circonstances portent même à croire que cette invasion devrait être seulement considérée comme la seconde; car on peut en indiquer une autre beaucoup plus ancienne.

Un passage de Valerius Flaccus vient corroborer jusqu'à un certain point celui de Justin précité, en donnant le nom de ce peuple Scythe qui à l'époque de Sésostris avait déjà envahi l'Asie-mineure et dut faire place sur les bords du Phase à de nouveaux arrivés, les Colches, établis par le conquérant égyptien. Voici ce passage [17] :

> . . . . ut prima Sesostris
> Intulerit rex bella Getis; ut clade Suorum
> Territus hos Thebas patriumque reducat ad amnem;
> Phasidis hos imponat agris, Colchosque vocari
> Imperet . . . .

D'après l'auteur, Sésostris aurait été le premier souverain qui attaqua les Gètes, alors maîtres de l'embouchure du Phase. Mais, effrayé des pertes qu'il eut à subir, ce monarque divisa son armée en deux parties, dont l'une fut laissée dans le voisinage des

[17] Argon., liv. v, vers 419.

Gètes pour les contenir: telle serait l'origine des Colches; et l'autre partie de ses soldats fut renvoyée à Thèbes en Egypte d'où ils étaient primitivement venus. Si, d'autre part, on observe que son règne est placé, très hypothétiquement, vers l'année 2700 avant notre ère; tandis que celui de Ninus qui chassa définitivement les premiers conquérants Scythes est porté à l'an 1283 environ avant Jésus-Christ; comme les Gètes étaient déjà établis sur le Phase avant ce Sésostris, sans doute, depuis un siècle; on trouve entre les deux époques dont il s'agit, ce laps de 1500 ans mentionné par Justin, comme étant la durée de leur domination primitive dans l'Asie mineure. Ainsi les deux premières invasions, celle des Gètes et celle des Argonautes, seraient venues du même côté. Quant à la troisième, celle des Scolots; les récits d'Hérodote,[18] Diodore de Sicile [19] et Strabon,[20] s'accordent sur un point: c'est que ce peuple se trouvait en dernier lieu vers la côte Nord-Est de la mer Caspienne; lorsqu'il partit de là pour conquérir les pays qui appartenaient aux Cimmériens, et après cet exploit, l'Asie Mineure.

Il a été dit déjà qu'Hérodote avoue ne pas connaître l'origine du nom de Scythes; mais il me paraît possible de l'indiquer, quoique nul auteur dans l'antiquité ne se soit occupé de cette question d'une manière spéciale.

Les anciens connaissaient des *Scythæ* et des *Ascitæ*, deux peuples qui paraissant sortir d'une souche commune, offraient entr'eux des similitudes et des contrastes assez évidents. Je vais exposer tous les faits qui se rattachent à cette question et l'on pourra juger par là si mon opinion est fondée.

[18] Liv. iv, ch. 11.   [19] Liv. ii.   [20] Liv. xi, ch. 11.

Pline, parlant de l'expedition d'Alexandre le Grand dans l'Inde, dit ceci [21] : " Onesicritus Dux ejus scripsit " quibus in locis *Indiæ* umbræ non sint, septentrio-" nem non conspici, et ea loca appellari *Ascia*." Un peu plus loin il dit encore [22] : "... namque Æthiopos " vicini sideris vapore torreri, adustique simul gigni, " barbâ et capillo vibrato, non est dubium, et adversâ " plagâ mundi, atque glaciali, candidâ cute esse gentes, " flavis promissas crinibus; truces verò ex cæli rigore " has, illas mobilitate hebetes . . ." Le naturaliste localise le nom d'*Ascia* dans l'Inde, quoique l'absence d'ombre sous un soleil à son zénith soit générale à l'équateur aussi bien dans cette contrée qu'en Ethiopie dont l'auteur a parlé aussi; mais seulement pour faire observer toute la différence qui existe entre ses habi-tants au teint brûlé, cheveux frisés, et ceux du pole Nord à la peau blanche et chevelure blonde flottante. Il est assez évident que les peuples originaires de l'*Ascia Indique*, doivent être aussi des peuples noirs comme les Ethiopiens, quoiqu'ils offrent des traits différens dans leur organisation physique. C'est là précisement ce qui résulte d'un autre passage du même auteur repété presque mot à mot par Solinus Poly-histor, et dans lequel parlant de la côte méridionale de l'Arabie il s'exprime ainsi [23] :

"... Commercia ipsa infestant ex insulis *Arabes* " *Ascitæ* appellati, quoniam bubulos utres binos ster-" nentes ponte piraticam exercent sagittis venenatis."

Le deuxième auteur dit [24] :

"... Mercantium ibi transitus infestari ex *Ara-" bicis* insulis dicat, quas *Ascitæ* habent *Arabes*, qui-

[21] Liv. II, ch. 75.   [22] Ch. 80.
[23] Liv. VI, ch. 34.   [24] à la fin.

" bus è re nata datum nomen est. Nam bubulis
" utribus contabulatas crates superponunt, vectatique
" hoc ratis genere, prætereuntes impetunt sagittis
" venenatis."

Suivant Lucain,[25] les Scythes se servaient aussi de
flèches empoisonnées d'après ces vers :

. . . . tinxêre sagittas
Errantes Scythiæ populi . . . .

Un auteur du XVIᵉ siècle, Ravisius Textor,[26] donne
des détails sur la manière donc ils preparaient les
vipères à cet effet, en les mêlant avec du sang humain.

Quant à l'art de flotter sur l'eau avec des outres
pleines de vent, les peuples nomades l'ont connu dès
la plus haute antiquité, surtout les Scythes. A ces
traits de similitude entr'eux et les Ascites, on peut
ajouter, que les deux races appartenaient au type
caucasique, puisque ces derniers sont dits Arabes
par Pline, Polyhistor, et Ptolémée,[27] qui place les
Ascites dans l'Arabie heureuse entre le mont Syagrus
et la mer, dont ils occupaient les bords sur la côte
méridionale. C'est de là, sans doute, qu'ils s'étaient
répandus dans les îles adjacentes montés sur leurs
radeaux de construction assez primitive. Mais leur
point de départ antérieur dut être la région de l'Inde
qui se trouve sous l'équateur, l'Ascie ; de là leur nom
d'Ascites. J'ai dit, par quels côtés ils ressemblaient
aux Scythes, dont le nom se trouve contenu dans le
leur. Mais il existait entre ces deux races un contraste, qui était constaté chez les anciens par l'adjonction de la lettre A. Nous savons déjà, que les Scythes
Scolots étaient des peuples caucasiens blancs et blonds
qui devenaient vermeils en vivant au grand air. Par

---

[25] Phars., l. 3.   [26] Epithela, art. Scythæ.   [27] Liv. VI, ch. 7.

contre, les Ascites étaient aussi des Caucasiens, au teint et cheveux noirs, sans la coloration du visage ; car, je vais démontrer ci-après, que les peuples d'origine caucasique au teint brun-rouge portaient une autre dénomination.

Il conviendra peut-être d'ajouter que, d'après Hérodote [28], les Argipéens, nation asiatique aussi, mêlaient au lait de leur boisson une liqueur noire dite : *aschy* (ἄσχυ).

Cet auteur [29] connaissait déjà en Afrique sur la côte de la Libye des Auschises (Αὐσχίσαι), qu'il place à l'est des Nasamons, au-dessus de Barca près la mer des Hesperides.   Etienne [30] de Byzance les appelle *Auschites Libyens* (Αὐσχίται).   Ce sont les Auchises de Ptolémée [31], probalement une tribu des Asciens ou Ascites équatoriaux qui se sera avancée au nord-ouest plus que les pirates de sa famille ; vers les bords d'une autre mer, où elle s'est établie comme eux. L'adjectif libyens indique une race caucasique au teint brun et cheveux noirs, comme il sera démontré plus tard.

Je vais maintenant exposer dans quelle autre circonstance et pour quelle autre race, la syllabe *As* ajoutée en préfixe au nom d'un peuple, indique sa couleur noire ou au moins brune.

Il a été déjà démontré que les Scythes étaient appelés Araméens dans l'antiquité à cause du vermillon de leur visage.   Mais, il y avait un autre peuple qui était aussi désigné de cette manière et pour la même raison, puisque les mêmes arguments peuvent lui être appliqués : c'étaient les Syriens ou Souriens.   Tous les voyageurs qui se sont occupés des idiomes et dia-

---

[28] Liv. iv, ch. 23.   [29] Ib,, cap. 71 et 72.
[30] Art. corresp.   [31] Liv. iv, ch. 5.

lectes du Caucase et pays adjacents ont reconnu, que les mots *syr* et *sour* y signifient rouge, ce qui en ferait des synonimes du mot *aram* de la langue romane, et même cet idiome a adopté les deux premiers mots dans une application qui indique bien une acception primitive tout à fait identique ; car, en *catalan* on appelle *siouræ* et *soùrou* le chêne liège qui acquiert et conserve longtemps une couleur rouge dès qu'il a été écorcé et que la pluie est tombée sur sa nouvelle écorce. (Ceci me fait supposer, avec d'autres observations, que la prononciation antique de l'y devait être : *ioù*, et qu'au lieu de prononcer *syri* comme *siri*, on devait plutôt dire *sioùri*.) Ainsi, les Syriens ou Araméens, ou peuples vermeils, en se croisant avec une race au teint blanc mât, ont produit une troisième famille : celle des Leuco-Syriens, ou blancs-cuivrés. Même sans que nous cherchions à nous assurer, si ce croisement avait eu lieu, nous savons avec certitude, que les Cappadociens étaient appelés Syriens blancs, et distingués ainsi des Syriens Araméens, dont je viens de parler. Je conclus aussi qu'on employait le même procédé de désignation à l'égard des Syriens noirs ou bruns : les As-Syriens ou bruns-cuivrés dont je parlerai bientôt, lesquels, d'après Hérodote [32] étaient ainsi désignés par les barbares, tandis que les Grecs les appelaient simplement Syriens. [33] D'après tout ce que je viens de dire là-dessus, la signification de la préfixe : *As*, comme indicative de la couleur noire, serait donc d'origine asiatique plntôt que grecque ; et il ne me resterait plus à démontrer qu'un seul fait, c'est que les Assyriens, tels que les a connus l'antiquité, appartenaient à la race caucasique comme

---

[32] Liv. vii, ch. 63.　　　[33] Strab. Liv. xvi.

les Cappadociens ou Leuco-Syriens, et de même que les Araméens ou Syriens cuivrés. Cette démonstration résulte des découvertes faites par Champollion dans les tombes des rois égyptiens, et mentionnées dans ses lettres d'Egypte. J'en extrais le passage suivant : " Au lieu de l'Arabe ou du Juif si simplement vêtu, " figuré dans un tombeau, l'Asie a pour représen- " tants dans d'autres tombeaux (ceux de Rhamsès- " Méïamoun, etc.) trois individus toujours à teint ba- " sané, nez aquilin, œil noir et barbe touffue, mais " costumés avec une rare magnificence. Dans l'un, ce " sont évidemment les Assyriens : leur costume, " jusque dans les plus petits détails, est parfaitement " semblable à celui des personnages gravés sur les " cylindres assyriens ; dans l'autre, les peuples mèdes " ou habitants primitifs de quelque partie de la Perse, " leur physionomie et costume se retrouvant en effet " trait pour trait sur les monuments persépolitains." etc., etc.

Le savant avait déjà indiqué un peu plus haut dans les termes suivants, quel était, d'après lui, le personnage de ces groupes que l'artiste auteur des bas-reliefs peints avait fait figurer comme type de la race égyptienne :

" Les hommes guidés par le pasteur des peuples, " Horus, appartiennent à quatre familles bien dis- " tinctes. Le premier, le plus voisin du Dieu, est *de* " *couleur rouge sombre*, taille bien proportionnée, " physionomie douce, nez légèrement aquilin, longue " chevelure nattée, vêtu de blanc : les légendes dé- " signent cette espèce sous le nom de *Rot-en-ne-rôme*, " la race des hommes, les hommes par excellence, " c'est-à-dire les Egyptiens."

En admettant que telle eut été réellement l'inten·
tion de l'artiste, ce qui n'est pas complétement établi,
puisque M. Champollion avait émis antérieurement
une opinion différente et pensé qu'il s'agissait ici des
seuls peuples soumis à la domination égyptienne; en
admettant, dis-je, ce fait, il s'ensuivrait simplement
que tel était le type de la race souveraine en Egypte
à l'époque où fut créé le monument. Cette race ne
pouvait être que celle des As-Syriens primitifs. bien
différents des Egyptiens, qui sous les ordres d'un
Sésostris chassèrent les Gètes de l'embouchure du
Phase et s'y établirent sous le nom de *Colches*. Cinq
médailles antiques découvertes dans ce pays[34] portent
toutes l'empreinte de figures qui appartiennent à la
famille éthiopienne, aux cheveux crépus, et à la partie
inférieure du visage très-avancée, avec le nez plat et
grosses lèvres, qui la caractérisent; semblables, en un
mot, à celles que l'on voit sur les monuments égyptiens de l'époque saïte; et d'autre part, Strabon dit
que les Assyriens portaient une tunique traînante de
lin ou laine blanche, ce qui répond bien à mon opinion.
Il observe aussi qu'il devait exister des Syriens noirs
parmi les peuples au-delà du Taurus, puisque les
Cappadociens étaient dits Syriens blancs.[35] J'ajou-
terai encore qu'Hérodote, parlant des Assyriens qui
servaient dans l'armée de Xerxès, observe qu'ils
étaient armés à peu près comme les Egyptiens, dont
les boucliers, javelots et poignards ressemblaient aux
leurs;[36] et que, d'après Ctésias, Ninus, roi d'Assyrie,
conquit l'Egypte.[37]

A propos des Colches et de leur fleuve, le Phase,

[34] Kœhne, *Descript. du Musée Kotsch*, p. 429 et suiv.

[35] Liv. xvi.   [36] Liv. vii, ch. 63.   [37] *Diod de Sic.*, liv. 1er.

que des Asiatiques prononcent *Fache*, je consignerai
ici un détail tendant aussi à établir leur origine égyptienne, quoiqu'il soit d'une importance secondaire, et
leurs anciens rapports avec la côte du pays des Sardones, ou Roussillon.

Par les mots *Colatche* et *Fache* on désigne dans la
langue romane : 1° ce vêtement *indispensable* que les
Egyptiens des temps antiques employaient à couvrir
leur ceinture ; 2° la bandelette étroite qui servait à le
lier autour des reins. Le premier n'est plus employé
qu'à la toilette des enfants à la mamelle, et fait partie
du maillot comme le second ; mais avec cette différence que la *Fache* sert encore à ceindre les reins de
l'homme dans tous les âges de la vie. Evidemment,
les peuples établis sur les côtes occidentales de la Mer
Méditerranée, durent donner à ces vêtements très-
primitifs des pays chauds les noms de ces lieux du
golfe Colchique où ils étaient fabriqués. D'après ce
que j'ai lu dans divers auteurs, la rivière, le Phase,
ou Rion, ne porte le nom de Fache que dans cette
partie supérieure où son cours, serré et tortueux,
imite les contours de la bandelette étroite qui entoure
l'antique momie de l'Egyptien ; ou la ceinture du
Catalan actuel. Suivant Hérodote,[38] les Grecs appelaient *Sardonique* le lin de la Colchide, tandis que
celui qui venait de l'Egypte était dit Egyptien.
Aucun de ses annotateurs n'a eu l'idée de remarquer
la belle qualité de lin que produit encore la côte des
anciens Sardones ; produit avec lequel on y fabrique
le fil destiné aux filets. Ceci répond à un passage de
Pollux [39] où il est dit que le fil qui sert à les faire doit
venir d'Egypte, de la Colchide, de Carthage ou de

[38] Liv II, ch. 105.   [39] *Onom.*, liv. v, ch. 4, segm. 26, p. 487.

Sardes. N'a-t-il pas voulu dire : de chez les Sardones ?
Hésychius a dit : *Βάμμα Σαρδιανικὸν,* sans que ses com-
mentateurs aient supposé [40] que cela signifiait une
pièce de toile de chez les Sardones. Les mots *Balma*
et *Bamma,* suivant le dialecte, y signifient encore
en langue vulgaire : la pièce d'étoffe qui sert à couvrir
un lit.

Chapitre IV.

SCYTHES BASILIENS; OU BALS, GALS, VALS, GHELS, DITS PAR ERREUR :
ROYAUX. — VALAQUES, CELTES.

PARMI les nombreuses tribus de Scolots, qui, déjà un
siècle et demi avant son époque, occupaient les bords
du Pont-Euxin, Palus-Méotis et contrées adjacentes,
Hérodote [1] mentionne celle des Basiléens (*Βασιλήϊοι*).
Il la représente comme la plus nombreuse, la plus
brave, pleine de mépris pour les autres, et exerçant
sur elles une espèce de suprématie royale dont
l'étendue ou les conditions ne sont pas clairement
déterminées par l'auteur. Il est le seul qui ait paru
vouloir établir un rapport direct entre cette souveraineté qu'elle exerçait sur les hordes scythes, et la
dénomination spéciale par laquelle elle était désignée;
dénomination que tous les traducteurs modernes ont
rendue par le mot *Royaux,* suivant ici la fausse voie
que leur avait indiquée le Père de l'Histoire. Mais
cette erreur n'a pas été commise par deux des principaux géographes latins de l'antiquité, Pline et Pom-

---

[40] Au mot *Bamma.*   [1] Liv. IV, ch. 20.

ponius Méla. Au lieu d'adopter la fausse indication de l'auteur grec,[2] en traduisant le mot *Basileïoi* par *Regii*, ils l'ont transcrit tel quel, sauf la désinence latine qu'ils lui ont donnée, et ont dit : *Scythæ Basilidæ.* J'observerai même que Méla,[3] quoique servile imitateur d'Hérodote, au point d'insérer dans son ouvrage des passages entiers de cet auteur qu'il s'est quelquefois contenté de traduire, n'a pas suivi sa donnée. Il lui a suffi de dire que les Basilidæ ont les habitudes royales des auteurs de leur race : Hercule et Echidnée ne se servant pour toute arme que de flèches. Dans le cours de la dissertation, il sera démontré que ces Scythes devaient posséder, même avant Hérodote, leur dénomination spéciale qu'ils se donnaient entr'eux. Les Grecs, en la recevant de ces peuples, l'avaient défigurée ; mais ils en avaient, jusqu'à un certain point, respecté le radical primitif.

Je crois qu'il est possible d'expliquer l'erreur d'Hérodote de la manière suivante. Entendant ses compatriotes donner aux Scythes Basiléens l'épithète de *Basileïoi*, qui avait quelque rapport de prononciation avec le nom qu'ils se donnaient eux mêmes ; comme aussi avec la suprématie Royale qu'ils exerçaient ; l'auteur n'aura pas pris la peine d'en rechercher l'origine première. Mais il se sera contenté de l'employer suivant la forme et l'acception que lui attribuaient les Grecs de son époque. Il paraît néanmoins, que si l'autorité souveraine s'échappa plus tard de leurs mains, ces Scythes ne cessèrent pas pour cela de conserver le nom primitif qu'ils portaient même avant qu'elle leur fut échue. Rien ne permet de supposer qu'ils en possédaient encore la moindre parcelle, à

[2] *Hist. Nat.*, liv. iv, ch. 26.　　[3] *De Sit. Orb.*, liv. ii, ch. 1er.

l'époque où Mithridate le Grand, Roi du Pont, allait commencer sa troisième guerre contre les Romains; c'est-à-dire environ quatre siècles après que le Père de l'histoire leur eut appliqué son épithète. Cependant Appien,[4] qui a raconté en Grec les détails de cette guerre, leur conserve la dénomination de *Basiléioi*; et les mentionne sans distinction, autre que celle de leur nom, parmi les autres peuples Sarmates (c'est-à-dire Scythes d'origine) qui vinrent d'Europe, en compagnie des Thraces, au secours de Mithridate. Un peu plus tard encore, Strabon[5] les cite de la même manière, dans le dénombrement qu'il fait des tribus sarmatiques la plupart Nomades, qui possèdent des terres du Borysthène à l'Ister. Il les place entre les Jazyges et les Urges, observant que ces derniers occupaient quelquefois, à ce qu'on disait, les deux rives de ce dernier fleuve. Il faudrait en conclure que les Basiléens, jadis établis suivant Hérodote[6] entre la rive droite du Tanaïs et la rive gauche du Gerrhus, c'est-à-dire entre le Don et l'Isthme de Pérécop, s'étaient depuis lors extrêmement rapprochés du Danube, soit par eux mêmes, soit par une de leurs colonies qui s'était incorporée dans la nation Sarmate, ce qui paraît le plus probable. Il n'étaient plus séparés de ce dernier fleuve que par les Urges.

Ce nouvel établissement des Basiléens, non loin de la rive gauche du Danube, est un fait très-important, dont il convient de prendre note ici, parcequ'il servira de base à diverses déductions. Et pour cette même raison, il est nécessaire d'en bien établir la certitude. L'hypothèse me paraît trouver sa confirmation dans les faits suivants.

* *Guerre de Mithrid.*, ch. 69.   [5] *Liv.* VII, ch. 4.   [6] Lieu cité.

Ces *Urges* — que Strabon appelle Οὔργοι et qualifie : " la plupart nomades, c'est-à-dire pasteurs ; " c'est son explication, parcequ'ils cultivent peu — ne sauraient être les mêmes que les Scythes dits par Hérodote : Γεωργοί. Ce seraient plutôt ses Ἰύρκαι,[7] vivant des produits de leur chasse ; qu'il place à l'est du Tanaïs et des Sarmates, entre les Thyssagètes et d'autres Scythes indépendants. Si l'on observe de plus, que nous retrouvons à l'époque de Strabon, et d'après son autorité, trois de ces mêmes tribus dans le voisinage les unes des autres vers les bords du Danube ; on doit conclure qu'elles ont émigré entre les deux époques, de leurs établissements primitifs. En effet, cet auteur place entre l'Ister et le Borysthène dans l'ordre suivant : les Thyragètes (Τυρεγέται), puis les deux peuples sarmates dits Jaziges et Basiléens, et ensuite les Urges. Pline[8] mentionne deux établissements bien distincts de Scythes Basiléens : l'un, entre le Don et l'isthme de Pérécop, est celui dont parle Hérodote ; l'autre, beaucoup plus loin vers le nord, se trouve, d'après lui, entre les Thussagètes, les Budins et les Agathyrses, et paraît être un troisième établissement qui nous était encore inconnu ; à moins que Pline n'ait voulu parler de ces Scythes qui secouèrent le joug des Basiléens, d'après Hérodote,[9] et qui sans doute faisaient partie de cette tribu ; opinion que j'adopte.

Maintenant, si nous quittons les bords du Pont-Euxin et Palus-Méotis, pour nous transporter sur l'extrémité septentrionale de la Sarmatie européenne et asiatique, guidés par Ptolémée,[10] nous trouvons, du

---

[7] Liv. iv, ch. 22.

[8] *Hist. Nat.*, liv. iv, ch. 26.

[9] Liv. iv, ch. 22.

[10] Liv. iii, ch. 9.

Golfe Vénétique à l'océan, la nation des Velts ou Belts (Οὐελται); plus à l'est, nous trouvons encore des Sarmates (Βασιλικοί, Βασιλισκαίοι)[11] Basiléens, non loin de la Mer Baltique. Suivant toute probabilité, ils constituent la horde-mère de laquelle se sont séparées les autres. Casaubon et L. Dindorf[12] ont adopté cette opinion. Rien ne prouve que ces barbares, contigus aux hyperboréens du pole nord, exercent une souveraineté quelconque sur leurs voisins. Ptolémée n'en dit rien; ce qui n'a pas empêché des traducteurs latins d'ajouter l'adjectif *Regii* au mot *Basilidæ*, sans autre motif qre le souvenir d'Hérodote, dans son passage sur ceux du Pont Euxin et Palus Méotis. On ne peut supposer davantage que les Grecs, de qui ils étaient à peu près inconnus, aient créé pour eux la désignation de Βασιλείοι. De même que j'ai rattaché les Scolots d'Hérodote aux Scandinaves d'Islande, il me paraît possible de réunir ses *Basiléens* à ceux du pole nord, comme membres de la même nation, et de retrouver le radical primitif de leur nom défiguré par la suite, dans les ouvrages des auteurs grecs et latins. On observera que la forme employée par Diodore de Sicile, pour indiquer cette île au nord de la Gaule et vis-à-vis la Scythie, qui produit le succin, est Βασιλεία; mot qui correspond bien à celui de : Βασιλικοί ou Βασιλισκαίοι qu'employe Ptolémée pour désigner ces Sarmates asiatiques dont j'ai parlé, établis au sud des Hyperboréens, non loin de la mer Baltique. Il est permis d'admettre que ces deux appellations ont une origine commune, soit que les *Basilikoi* aient reçu leur nom de l'île-mère *Basilea*, ou qu'il le lui aient

---

[11] Liv. v, ch. 9. [12] *Steph. Thes. Lin. Grecæ.*

donné. Mais Pline [13] nous fait connaître une variante du nom de cette île.

Après avoir mentionné, d'après Timée, à une journée des côtes de la Scythie, celle de *Raunonia*, qui me paraît être Rugen, comme produisant le succin ; l'auteur parle de l'océan septentrional et des noms divers qu'il reçoit. Or, la description qu'il en fait s'accorde avec la topographie intérieure et celle des côtes de la mer Baltique. Cet océan septentrional, qui est désigné sous le nom d'*Amalchium* par Hecatée, est appelé par les Cimbres : *Morimarusum*, c'est-à-dire mer morte jusqu'au promontoire *Rubeas*, qui doit être le cap Russ, car l'auteur mentionne ensuite *Cronium*, évidemment la Courlande. Puis, voici, ses paroles : " Xenophon Lampsacenus, à litore " Scytharum tridui navigatione, insulam esse im- " mensæ magnitudinis, *Baltiam* tradit. Eandem " Pytheas *Basiliam* nominat. Feruntur et Oonæ, " in quibus ovis avium et avenis incolæ vivunt." L'auteur, après avoir fait ainsi une pointe vers le nord dans la Baltique, revient sur ses pas par la côte ouest, et se met à décrire la Scandinavie et ses îles nombreuses, parmi lesquelles vingt-trois avaient fait connaissance avec les armées romaines, à ce qu'il dit. Il cite comme produisant encore le succin une autre île qu'il appelle Glessaria, comprise dans le même groupe. Les divers détails qu'il donne ne laissent aucun doute, et c'est bien vers le nord de la mer Baltique qu'il faut chercher cette grande île *Basilia* ou *Baltia*. Est-ce l'île actuelle de Gotland, qui se trouve à 50 lieues marines environ au nord-ouest de Russ ; ou bien celle d'Osel, qui est située au nord, environ

<hr>

[13] Liv. IV, ch. 27.

20 lieues plus loin, vis-à-vis la côte de l'Esthonie ?
C'est ce qu'il me paraît impossible de décider. Il
importe fort peu de savoir quel nom on lui donne
maintenant, et même si cette terre était une île ou un
continent. Mais il est utile d'observer, que ce nom
de *Baltia*, que lui attribue Xenophon de Lampsaque,
se trouve encore reproduit de nos jours dans celui de
Baltique, porté par la mer même sur laquelle elle
était située. Un témoignage aussi inattaquable que
l'existence continue de ce nom ne laisse plus l'embarras du choix entre celui-là et celui de *Basilea*, qui
ne saurait être qu'une corruption du premier. Il sera
utile de rappeler ici les deux passages de Pomponius
Mela [14], déjà cités, sur le pays des *Belcæ*, opposé à l'île
de Thulé, et le nom de *Belcæ* que l'on donne à tous
les Scythes de l'extrémité occidentale du nord de
l'Asie. Le rapport si intime qui existe entre les deux
mots *Belcæ* et *Baltia* est un nouvel argument en faveur de mon opinion. S'il faut admettre, ce qui me
paraît logique d'après les deux passages de Pomponius
Mela, que ses Scythes Belcæ occupaient la Norwège,
la Suède, la côte orientale de la mer Baltique et partie
de l'Asie occidentale du nord, il est évident, d'après
ce que nous savons déjà, que les *Sarmates Basilikoi*
ou *Basiliskaïoi* et les *Belts* (Ούελται) de Ptolémée fesaient partie de cette nation. Les auteurs grecs et
latins, tout en employant les trois consonnes du radical primitif, qui doit avoir été *Bals* ou *Bels*, n'ont fait
que transposer la lettre *s* en la plaçant avant *l* dans
Basileïoi et *Basilidæ* ou leurs variantes. Il ne sera
pas inutile de rappeler aussi mon observation sur les

[14] Liv. III, ch. 5 et 6.

F

Belgœ de César, ainsi que sur les deux détroits appelés encore le Grand et le Petit *Belt*.

Nous aurons alors sur les mêmes lieux pour les temps antiques, le radical reproduit sous les quatre formes suivantes : *Balt, Belc, Belg, Basil*, et dans les temps modernes *Balt, Belg, Belt*, ce qui démontre l'évidence de la transposition de la lettre *s* dans le radical *Basil*, qui est évidemment corrompu. Les trois premières formes ne seraient donc que les variantes usitées d'un radical primitif qu'il n'est pas possible de déterminer d'une manière plus absolue que je ne l'ai fait par le mot *Bals*. Il faut observer, d'après le passage de Strabon déjà cité, qu'une colonie de ces *Scythes Bals* qu'il appelle *Sarmates Basiléïoi* était établie de son temps très près du Danube; que l'on trouve encore aux mêmes lieu une nation sur l'origine de laquelle il n'a été donné aucune explication satisfaisante, parlant l'un des nombreux dialectes de la langue romane. Que de plus, d'après sa propre langue, elle doit être appelé *balaque* plutôt que *valaque*, parceque le roman, comme on le sait, transforme en *b* la prononciation du *v* français et du double *w* allemand. D'après ces observations, on conclura que, fort probablement, les *Balacs* de nos jours ont reçu leur nom par transmission héréditaire de ces Scythes dits par erreur *royaux*; mais qui, en réalité, portaient celui de *Balts, Bals, Balcs ou Belces*; comme leurs compatriotes Scolots laissés par eux de chaque côté de la mer Baltique. Le mélange avec l'une de ces races asiatiques dont la langue ne permet pas que deux consonnes soient liées ensemble sans le concours d'une voyelle intermédiaire, aura transformé le mot *Balcs* en *Balacas*, comme les Chinois ont transformé celui de France qu'ils prononcent *Fulansee*. Je dois observer qu'il s'agit seulement ici d'une simple hérédité de nom, car les Valaques actuels avec des traits caucasiques et un visage plus long que carré ont la peau brune, les yeux et cheveux noirs. Ils sont As-Scythes, ce qui peut s'appliquer non-seulement au cas actuel, mais encore comme je l'ai déjà fait observer, aux fils des anciens Scythes argonautes et à beaucoup d'autres cas.

Le savant géographe d'Anville [15] a retrouvé ces mêmes Vlaks ou Valaks au-delà de la mer Caspienne, dans un canton de la Tartarie où ils auraient été transportés. Pline [16] signale sur la rive asiatique du Palus Méotis et sous le nom de *Vali* un peuple qui doit être de la même famille. Il lui donne comme voisin plus au nord les *Serbi*. Ces deux noms se trouvent encore dans ces parages assez bien reproduits de nos jours par ceux de Beisla que porte une petite rivière, à la source de laquelle est le bourg de Vassini, et celui d'un autre village situé sur la rive gauche du Ghei appelé Sherbino, placés tous deux respectivement dans l'ordre suivi par Pline.[17] Une île de la mer d'Azoff porte aussi le nom de *Balla fobat*. Le Ghei,[18] rivière qui se trouve la troisième après le Don paraît être le grand Rhombités des anciens, à l'embouchure duquel se réunissaient les pêcheurs du Palus méotis. Le même auteur [19] mentionne encore une autre tribu dite les Valli dans les monts Gordyœns, occupés aux travaux des mines, ayant pour

[15] Mém. de l'Accad. des Inscriptions et Belles-Lettres, vol. xxx.
[16] Liv. vi, ch. 7.   [17] Voir Carte de Delisle.
[18] Voir Atlas par Dubois Montpéreux et les cartes de l'amirauté anglaise.   [19] Liv. vi, ch. 12.

voisins des Suarni. Mais Ptolémée[20] les appelle respectivement Oualoi, Serboi, et les place entre les monts Cerauniens et le Rha (ou Wolga). On a déjà vu qu'il donne le nom de Oueltai aux Beltæ du golfe vénédique. Cette prononciation n'a pas disparu des langues modernes, car elle se reproduit dans la manière dont les Anglais désignent le pays de Galles qu'ils appellent Ouèles, employant une forme que le Germain prononcera Vales, tandis que, d'après la langue romane, on dira Bales. Delisle mentionne encore sur le Kouban le bourg de *Bellete Koï*, et le place sur sa rive gauche dans les terres. Sur les bords du Danube on retrouve encore dans les Serbes et les Valaques de nos jours cette même dualité de peuples signalée par Pline et Ptolémée dans les Serbi et les Vali du Palus Méotis et du Caucase. On la rencontre encore dans la Catalogne où divers lieux habités portent le nom de *Cerbera* et celui de *Valls* et *Vallès*. Je citerai de plus le *Valais* en Suisse, et j'ai déjà parlé de la ville importante de Balk dans la Boukarie.

Comme on le voit, le nom de *Bals* a été porté par des peuples scythes d'origine, qui, répandus sur le continent d'Asie et d'Europe, ont vu modifier cette appellation suivant certaines variations dialectiques, parmi lesquelles celle de *Gals* ou *Galli* nous touche de très-près. Il y a eu quelquefois usurpation de nom par des peuples de race différente; mais c'était ordinairement la suite d'une superposition après conquête. Dans ce cas les auteurs font subir une adjonction au radical primitif.[21] C'est dans ce sens qu'il faut

---

[20] Liv. v, ch. 9.

[21] Strabon, liv. iii : les Celtes dits Gallatiques.

entendre le mot *Galates*, qui sert à désigner les Gals Scythes mêlés avec les autres peuples du midi de la Gaule, appartenant à des races différentes, comprises sous le nom de Celtes, Grecs, Ibères, qui ont perdu leur pureté primitive; tandis que le nom de *Volcæ* sert à mentionner des Scythes purs amenés par l'une des dernières invasions.

Parmi les éléments divers de nature et d'origine qui ont concouru à construire la nationalité valaque actuelle, il en est d'autres dont il est facile de suivre la trace et déterminer la source, tant par ce même nom que par la langue parlée encore sur les bords du Danube. J'entends par là tous ces peuples d'origine galate, comme je l'ai expliqué, auxquels est due l'introduction de la langue roumane actuelle. Ce sont les Teuristes, les Trauses, les Scordisques, les Boïens, les Taurisques, d'après Strabon [22] et Etienne de By-zance. Les uns, comme les petits et grands Scor-disques, vécurent pêle-mêle avec les Thraces, possé-dèrent quelques îles du Danube et deux villes appelées *Capedunum* et *Heorte*, noms de lieux-dits qui se re-trouvent près de Portvendres; les autres s'étaient établis entre les Illyriens et les Thraces. Ces peuples, Galates de nationalité, éloignés de leur mère-patrie, finirent par être subjugués et perdirent à la fois leur nom individuel et l'autonomie qui lui appartenait; mais ils conservèrent en masse cette désignation générale, qu'ils durent à une langue romane com-mune. Ceux qui ne furent pas détruits se refugièrent dans les montagnes de la Transylvanie, où ils se reconstituèrent; et d'où ils sortirent lorsque de nou-velles forces et une occasion favorable leur permirent

[22] Liv. VII.

d'occuper le sol fertile qu'ils possèdent maintenant avec une nationalité commune. L'histoire n'a pas noté cette époque dans ses annales; mais leurs descendants habitent encore la Transylvanie et la Bukowine.[23] Les Valaques sont appelés par les Germains: *Welschen.*[24] C'est une forme scythique, tandis que l'autre est cimmérienne.

Depuis le canton des Grisons en Suisse jusqu'aux bords du Dniester, on rencontre une série presque continue de peuples dont l'origine galate est bien constatée par leur usage de la langue romane; leurs districts sont: l'Engadine, Val Prægallia, Tyrol, Oulx, Limone, Sestola, Rimini.[25] Au nord-est de l'Istrie les communes de Possert, Gradigne, Letaj, Grobnice, Susgnevitzza, Berdo, Villanova, Jassenovitzza, parlent une langue romane qu'on appelle *Ciribirische.*[26] On la retrouve entre Moskhopolis (est de Bérat) et Kastoria; à la naissance de la rivière Arta, à Sirako et Kalarités; à la naissance de l'Aspropotamos; dans les districts albanais, aux environs de Karpenesi, dans la vallée du Penée, à Zagora, dans le mont Pélion; en Macédoïne; sur certains points du mont Pinde; en Thessalie, vers le mont Ossa, à Vlakho Livado, Kokkinoplo, Fetra, Neokhori. Des Valaques ont occupé, depuis Larisse jusqu'aux Thermopyles, parties du Pélasgiotis, Thessaliotis, Phthiotis, Maliensis, Pharsalia, Thaumakia à l'ouest et Phères à l'est. Enfin, à la Moldavie et Valachie, il faut ajouter la Bukovine, la Transylvanie et la Bessarabie, où l'on parle la

---

[23] Latham, *Nationalities of Europe.*
[24] Guagnino, *Rer. Polonic.*, vol. III, p. 453.
[25] Fr. Miklosich, *Die slavischen Elemente in Rumunisch.*
[26] Latham, *Nationalities of Europe.*

langue romane, ce qui nous conduit jusqu'au Dniester. Il ne faut pas s'étonner d'après cela si l'on trouve un si grand rapport de vocabulaire entre cet idiome et le grec ancien. Dans mon opinion, il n'est pas bien prouvé que ce dernier soit l'aîné des deux. Mais cette question doit venir plus tard. Pour conclure, il me suffira de dire maintenant que les Valaques, héritiers du seul nom des Scythes *Bals*, leurs aïeux par intermédiaire, sont les descendants immédiats de ces Celtes situés entre les Pyrénées, les Alpes, la Loire, la Garonne et la Méditerranée ; nationalité constituée de divers échantillons appartenant à plusieurs familles de l'espèce humaine. Ils émigrèrent, à diverses époques, de l'ouest à l'est, *avec une langue faite*, postérieurement à la conquête de leur pays par les *Scythes :* *Gals, Bals, Ouals, Vals, Ghels,* ou *Volsques,* dont ils usurpèrent le nom, et le transportèrent avec eux dans une contrée où il parvenait aussi par d'autres émigrations en sense inverse, et croisé aussi du nord au sud. Là ils furent nommés *Valacs,* comme d'autres *Gals* reçurent en d'autres occasions le nom de *Galats,* c'est-à-dire *Gals mixtes.*

Je dois confesser qu'il m'a été impossible jusqu'à présent de découvrir dans les Celtes une pureté quelconque d'origine, ou l'unité de race. Obligé de voir en eux le produit de diverses familles, je comprends l'inutilité des efforts qui ont été faits jusqu'à nos jours en sens contraire par les ethnologues de plusieurs nations. Il me sera donc loisible de m'occuper d'eux spécialement lorsque j'en viendrai aux races croisées.

Comme on vient de le voir, il n'y a unité d'origine que chez les Gals ou Gaulois, qui sont Scythes, c'est-à-dire : Caucasiques blonds.

Chapitre V.

DES CIMMÉRIENS: HUNS OU MONGOLS BLANCS. — IGOURS, CERBERS
ET VALS, MÉOTES OU CROISÉS, SINDES, TAURES SCYTHES, BOS-
PORITAINS ET KERSONITES.

L'ORIGINE des *Cimmériens* (Κιμμέριοι, Cimmerii) est beaucoup plus obscure que celle des Scythes, leurs ennemis perpétuels; car la trace qu'ils ont laissée sous ce nom dans l'histoire ancienne est certainement moins profonde. On le comprendra lorsque je serai parvenu à démontrer, comme je l'espère, qu'ils appartenaient à la race appelée de nos jours *Mongole* blanche. L'acception donnée par l'antiquité à la désignation de Cimmérien s'est perdue, comme celle de Scythe, dans le moyen-âge, mais avec beaucoup plus de facilité, à cause du rôle peu important que ce peuple a joué en Europe et dans l'Asie occidentale depuis l'époque où, suivant Hérodote, il fut expulsé des bords du Danube. Toutes les diverses tentatives faites depuis lors dans les mêmes régions par des peuples de la famille cim- mérienne, sous des noms différents, pour assujettir la race caucasique, sont restées impuissantes. Ils sont bien parvenus quelquefois à conquérir une étendue de terrain plus ou moins restreinte, dans les régions mal peuplées sur lesquelles ils se sont jetés; mais leur domination n'a jamais pu s'étendre au-delà de ces limites, dans les régions occidentales où dominait une race caucasique nombreuse et pressée sur le sol. C'est parcequ'en réalité, si je puis m'exprimer ainsi, ils n'étaient plus chez eux. En effet, il semblerait qu'en sortant des régions de l'Asie orientale, où ils pullulent, pour se diriger vers l'ouest; ils abandonnaient un sol considéré jusqu'à présent par les auteurs comme leur terre classique; et les hordes de leurs émigrants, trop éloignées du foyer de la race, manquaient ainsi de secours en hommes, nécessaires dans leurs luttes contre le climat, le sol et des nations ennemies.

Aucun auteur, parmi les anciens, ne nous a laissé des détails explicatifs, tant sur l'origine que sur les traits caractéristiques des Cimmériens. Dans mes longues recherches vers la découverte de ce que je crois être la vérité, j'ai pris pour point de départ trois passages de Procope, appuyés sur d'autres monuments. Cet auteur, dans son Histoire de la Guerre des Goths,[1] après avoir parlé des peuples établis sur la partie asiatique du Pont-Euxin, passe à ceux qui occupent le littoral du Palus-Méotis depuis son embouchure jusqu'à celle du Tanaïs, et s'exprime ainsi en suivant la même côte:

" Au-delà des Sagides on trouve diverses hordes de " Huns; puis le pays dit Eulysie, dont les habitants " sont des barbares, qui possèdent des terres sur le " rivage du Palus-Méotis et dans l'intérieur jusqu'au " Tanaïs, qui se jette dans cette mer, tandis que le " Palus-Méotis se dégorge dans le Pont-Euxin. Les " habitants de cette contrée, autrefois appelés Cim- " mériens, portent déjà le nom d'Uturgures. Au " Septentrion se trouvent en nombre infini les Antes, " et à l'embouchure du Palus-Méotis sont les Goths " Tetraxites." Plus loin, l'auteur, revenant sur la même idée, dit encore: " La contrée dont je viens de " parler était jadis habitée par une grande multitude

[1] Liv. IV.

" de Huns, qui alors étaient désignés sous le nom de
" Cimmériens, obéissant à un seul souverain." Et
enfin, dans un troisième endroit, Procope, parlant de
quelques intrigues politiques, mentionne les craintes
qu'inspiraient à certains ambassadeurs les menées des
Huns Uturgures.

Il explique aussi comment ces mêmes Huns, qui
primitivement ne constituaient qu'un seul peuple, se
divisèrent par la suite en deux tribus. C'était parcequ'à la mort du souverain, ses deux fils, héritiers de
son pouvoir, appelés Uturgur et Cuturgur, avaient
séparé la nation en deux parties, qui avaient chacune
adopté le nom du nouveau chef, se transformant ainsi
en Huns Uturgures et Huns Cuturgures.

Il résulte clairement de ce qui précède :

1° Que ces deux nouvelles tribus dont je remarque
les noms en passant, parcequ'ils doivent concourir
plus tard à établir d'autres faits, appartenaient à la
nation des Huns Igours, divisés en Uturs et Cuturs ;

2° Qu'à une époque de beaucoup antérieure à celle
de Procope, puisqu'il n'a pu la déterminer, les Huns,
établis dans l'Eulysie — contrée située entre la rive
gauche du Don actuel, la côte asiatique de la Mer
d'Azoff et une limite non fixée dans l'intérieur des
terres — portaient le nom de Cimmériens.

Je vais maintenant démontrer :

3° Que la désignation de Huns, écrite quelquefois
soit par Claudien,[2] soit par Ammien Marcellin,[3] Ptolémée,[4] ou Marcien d'Héraclée,[5] sous la forme *chuni*
et *Xouvoí*, appartenait à une race spéciale, qui com-

---

[2] *Consulat de Stilichon*, vers 110 ; et sur Eutrope, vers 137.

[3] Page 633.   Édit. Paris 1681.   [4] Ch. v, l. 3.

[5] *Geographi Græci Minores*, vol. Iᵉʳ.

prenait un grand nombre de peuples et hordes portant divers noms, et doit être entendue dans un sens générique.

4° Que la présence continuelle et constante de divers peuples de cette même race, primitivement appelés les Cimmériens et postérieurement les Huns, sur la côte asiatique du Palus-Méotis et du Pont-Euxin; se trouve établie depuis l'époque de l'invasion des Scythes dans la Chersonèse Taurique, de l'an 610 environ avant Jésus-Christ, jusqu'à celle où ces mêmes Huns rendirent ce nom si redoutable, c'est-à-dire pendant à peu près dix siècles; mais avec cette différence que ces Cimmériens étaient des peuples stables, tandis que les Huns furent toujours divisés en nomades et peuples à siéges fixes.

Ammien Marcellin,[6] racontant l'invasion des terres des Alains par les Huns, l'an 375 de Jésus-Christ, dit que ces derniers, d'abord fort peu connus, habitaient au-delà du Palus Méotis vers l'océan glacial. On comprend l'embarras de l'auteur, lorsqu'il s'agit d'indiquer d'une manière précise et déterminée, l'établissement fixe d'un peuple qui n'en a point. Faute de pouvoir mieux faire, il leur donne pour limite à l'ouest la rive asiatique du Palus Méotis et à l'est la côte opposée de la mer Caspienne. Probablement, l'auteur n'a fait que traduire ici en latin par *Gelidum* l'appellation *Ghelan* que donnent à une portion de cette mer les peuples de la province de Ghelan qui lui est contigue. Une autre partie est aussi nommée mer de Bakhu du nom de la ville située sur ses bords.

Procope[7] mentionne les Huns comme maîtres de

[6] Liv. xxxi, p. 614. [7] *Guerre Perse*, p. 28.

toute la région qui s'étend de la rive asiatique du
Palus Méotis, aux Portes caspiennes.   Il faut entendre ici le pays situé au pied du versant nord de la
chaîne caucasique, car il dit plus loin, que les Ibères
asiatiques au sud des Portes Caspiennes, et les premiers habitants de la Colchide soumis aux Romains,
empêchaient, par leur résistance opiniâtre, les barbares
de pénétrer de ce côté sur les terres de l'empire.   Or,
la Colchide est située, comme on le sait, sur le versant
opposé.   Mais il a voulu désigner ici les Portes Ibériennes.

Jornandès, dans son histoire des Goths cherche à
remonter jusqu'à l'origine des Huns.   Mais l'explication qu'il en donne est trop burlesque, pour que je
puisse lui donner place ici.   Cet auteur, devenu ar-
chevêque chrétien de notaire païen qu'il était d'abord,
fait intervenir sérieusement le malin esprit dans la
procréation des Huns.   Néanmoins, une partie du
passage[8] peut être admise, parce qu'elle n'est pas en
désaccord avec tout ce que nous venons de voir jusqu'ici :

" Les Huns," dit-il, " étaient d'abord en petit nom-
" bre dans des marais sur la rive ultérieure du Palus
" Méotis.   Ennemis de toute espèce de travail, ils ne
" vivaient que de chasse et de rapine."

Ainsi qu'on vient de le voir, trois auteurs, qui écrivaient sur les mêmes faits à des époques peu éloignées
entr'elles, s'accordent à placer des hordes obscures de
Huns, sous ce même nom, près des bords asiatiques du
Palus Méotis, plusieurs siècles avant cette grande invasion qui les fit si bien connaître de toute l'Europe.
Il n'est pas à supposer que Procope, dont on admire

<hr>

[8] Page 68.

la précision, eût pu employer à deux reprises différentes les termes que j'ai cités plus haut, si Huns et
Cimmériens n'avaient appartenu à la même race ; au
point d'avoir pu aisément se confondre dans le mélange qui se fit entre les anciens Huns Cimmériens et
les nouvelles hordes de Huns venues de l'Asie cen-
trale. Tous les faits que j'ai pu recueillir jusqu'à
présent ont, à mes yeux, établi la preuve que les
bords du Palue Méotis furent constamment aux temps
antiques le champ de bataille, où la race caucasique
et la race mongole soutinrent l'une contre l'autre les
luttes les plus acharnées. Les Romains [9] surent tour-
ner au profit de leur domination ces haines de race,
qu'un flux continuel de nomades barbares arrivés
principalement, qui du nord, qui de l'est, tendit constamment à alimenter. Il n'est pas admissible, eu
égard à une telle situation et aux deux passages de
Procope précités, que ces antiques Cimmériens de la
rive asiatiques du Palus Méotis aient pu si aisément
se mêler aux Huns dernièrement arrivés et prendre
leur nom, s'ils n'avaient appartenu à la même race.
J'ai dû toujours en venir à la même conclusion toutes
les fois que cette objection s'est présentée à mon
esprit, et que je l'ai considérée sous toutes ses faces.

En remontant toujours suivant l'ordre des dates ;
après Ammien, Procope et Jornandès, le premier
auteur que l'on rencontre comme ayant connu déjà
des Huns sous ce même nom, est Marcien d'Heraclée, [10]
géographe grec de la fin du III siècle de notre ère.
Dans son Périple de la Sarmatie européenne, cet auteur, après avoir parlé des Alains Sarmates de race

<hr>

[9] Const. Porphyr, sur l'admin. de l'empire, ch. 53.
[10] *Geographi Græci Minores.* Vol. 1er.

qui habitent près des sources du Borysthène, mentionne comme vivant près d'eux les Chuns européens (Χαονοὶ οἱ ἐν τῇ Εὐρώπῃ). Ce fait mérite d'être signalé, car il démontre l'existence de la race mongole dans le nord de l'Europe sous ce nom de Huns à une époque, où on ne pouvait guère en trouver la preuve. Après lui vient Ptolémée.[11] Dans sa description de la Sarmatie européenne, ce géographe descendant le cours du Tanaïs par la rive droite mentionne, après en avoir dépassé la courbe, un peuple ou horde de Huns qu'il appelle Χουνοί, et place entre des Bastarnes et des Roxolans. Il n'est pas probable que ces mêmes Huns puissent être comptés, avec raison, parmi ceux que Procope désigne comme anciens habitants de l'Eulysie depuis les temps antiques, sous le nom primitif de Cimmériens. La distance entre les deux régions est trop grande, et ceux de Procope ne sauraient prendre place tout au plus que parmi les nouveaux arrivés de la dernière invasion, qui est postérieure à l'époque de Ptolémée. Suivant toute probabilité, ils durent suivre le torrent, lorsque leur race prit sa marche vers l'Europe.

Après cet auteur, un autre géographe grec, Denys d'Alexandrie, dit le Périegète, qui écrivait pendant les premières années de notre ère, mentionne aussi des Huns sous la forme Οὖννοι.[12] Il les place sur le littoral de la Mer Caspienne, partie nord-ouest, entre des Scythes et des Caspiens, dans les termes suivants :

" Je vais énumérer nominativement les diverses " nations qui habitent les bords de la Mer Caspienne " de tous les côtés. Si l'on commence par le côté de " Borée, en se dirigeant vers celui du Zéphir, les

[11] Liv. III, ch. 5.

[12] Vers 726 à 731.

" premiers rencontrés sont les Scythes, qui habitent
" depuis la Mer Kronienne ou de Saturne (Κρονίης,
" probablement le golfe actuel de Courlande) jusqu'à
" l'entrée de la Mer Caspienne. Après eux viennent
" les Huns, et puis les hommes caspiens."

Ce passage tend à confirmer en partie ce que nous
savons déjà par le témoignage d'Ammien et de Procope, c'est-à-dire, que des tribus de nomades, connus
sous le nom de Huns, habitaient la côte nord-ouest de
la Mer Caspienne pendant les premiers siècles de
notre ère. Mais l'assertion du Périegète offre une
bien plus grande importance que celles des auteurs
déjà mentionnés; car il est entre tous le plus ancien.
Avec son secours, et celui des auteurs chinois cités
par Claude Visdelou et de Guignes, nous pourrons
considérer comme établi le fait suivant. A l'époque
où commence notre ère, de nombreuses tribus, appartenant à une seule et même race, qui vivaient errantes
la plupart au nord de la chaîne caucasique entre le
Palus-Méotis et la Mer Caspienne, portaient le nom de
Huns Igours, Ugurs ou Oïgours sur ce littoral, et
celui de Cimmériens lorsqu'ils se trouvaient sur
l'autre. Ainsi seulement il me paraît possible d'expliquer, d'une manière satisfaisante, les variations
légères, mais non contradictoires, que l'on découvre
dans les textes des auteurs précités. Je vais les comparer entr'eux, pour jeter plus de clarté sur un sujet
aussi obscur; malgré ce que peut offrir de fastidieux
toute répétition en général, dans l'espoir que le cas
actuel constituera aux yeux du lecteur une exception
à la règle.

Ainsi, d'après Procope, l'Eulysie, qui confine au
bord oriental du Palus-Méotis et à la rive gauche du

Tanaïs vers son embouchure, était habitée depuis temps antiques par des barbares en grand nombre, qui, primitivement appelés Cimmériens, reçurent postérieurement le nom de Huns. Sous cette dernière désignation, ils étaient maitres de toute la région comprise entre l'Eulysie et les portes caspiennes; c'est le nom qu'il donne aux portes ibériennes, passage étroit situé, comme on sait, vers le centre du Caucase et non loin de la mer Caspienne.

Suivant Ammien Marcellin, les Huns, peuple féroce et peu connu d'abord, habitaient des terres situées au-delà du Palus Méotis vers la mer Caspienne (ou de Ghelan) qu'il appelle l'Océan Glacial, peut-être par rapport à ce dernier nom.

Si l'on en croit Jornandès, les Huns, vivant de chasse ainsi que de brigandage et ennemis de toute sorte de travail, étaient d'abord en petit nombre dans des Marais sur la rive ultérieure du Palus Méotis. Pour cet auteur, c'était la même que la rive orientale, car il écrivait en Italie.

Et enfin, conformément à l'assertion de Denys le Periegète, les Huns étaient établis sur la côte nord-ouest de la mer Caspienne.

Comme on le voit, deux faits sont constatés ici. Le premier, c'est, qu'à une époque antérieure à notre ère, des nomades connus déjà sous le nom générique de Huns erraient continuellement entre les limites d'une région qui leur offrait comme barrières plus ou moins difficiles à franchir : à l'est la mer Caspienne, au nord le Wolga et le Don, à l'ouest la mer d'Azoff et au sud la ligne du Caucase.

Le deuxième, c'est que des tribus de cette race, fixées sur le sol de l'Eulysie depuis des temps antehistoriques; avaient reçu primitivement des auteurs latins et grecs le nom de Cimmériens, qui leur fut attribué indifféremment avec celui de Huns pendant les premiers siècles de notre ère, et finit par être absorbé définitivement par ce dernier.

La trace du nom de Huns, en tant qu'il sert à désigner seulement les peuples errans entre les limites que je viens d'indiquer, se perd chez les auteurs latins et grecs à Denys le Periegète. Je vais maintenant m'efforcer de suivre celle qu'ils ont laissée dans la géographie et l'histoire ancienne sous le nom de Cimmériens.

Pline le jeune,[13] dans son histoire naturelle, a donné à cette dernière désignation un sens ethnique aussi étendu qu'à celle de Scythes. D'après lui, entre la mer Caspienne ou Hyrcanienne et les monts Ryphéens au nord-ouest de l'Asie, ou ne rencontre guère que des peuples appartenant aux nations ou races suivantes: les Scythes, les Cimmériens, les Cissianthes, les Géorgiens et les Amazones. L'auteur commence ainsi son passage: "Nunc omnibus, quæ sunt interiora Asiæ " dictis, Riphæos montes transcendat animus, dex- " traque litori Oceani incedat . . . ." Après avoir dit sur les Scythes et les Hyperboréens du nord de l'Asie ce qui a été déjà exposé ici, il termine le chapitre ainsi qu'il suit: " Ultra eos plane jam " Scythæ, Cimmerii, Cissianthi, Georgi et Amazonum " gens. Hæc usque ad Caspium et Hyrcanium mare."

Comme on le voit, Pline a considéré les Scythes et les Cimmériens comme deux nations bien distinctes et de race différente. C'est ainsi, je crois, qu'il faut expliquer les termes de son passage, et cela pour

[13] Liv. iv, ch. 14.

divers motifs. Le premier, c'est que sur cet immense espace qui s'étend entre la mer Caspienne et la mer Blanche, l'auteur n'a trouvé à citer que quatre noms de nation; car, il faut bien supprimer les Amazones que nous ne pouvons prendre pour une race à part. Mais l'emploi qu'il fait de leur nom me parait donner plus de force à mon opinion, c'est-à-dire qu'il les a considérées comme appartenant à une famille *sui generis*, ainsi que chacune des quatre autres sociétés. La deuxième raison, c'est que le naturaliste ne s'est pas arrêté à determiner, même d'une manière plus ou moins approximative, quels étaient les siéges des établissements respectifs de leurs tribus diverses. En effet, les sachant toutes nomades, et en tous lieux juxta posées sans ordre ni régularité, il s'est contenté de les diviser par races ou familles faute de pouvoir mieux faire.

Il convient d'observer ici que le nom de Mongols était déjà connu de Pline, mais seulement sous son acception restreinte; car l'emploi qu'il en fait plusieurs fois avec des variantes, s'applique toujours comme l'on va en juger, à un peuple spécial. Ainsi, parmi les diverses nations qui sous la dénomination de Brachmanes (*sic: Brachmanæ*) habitent entre les monts Imaüs et le Gange; l'auteur [13] compte un peuple spécial appelé: *Maccocalingæ*. Plus loin, il dit :[14] " Insula in Gange est magnæ amplitudinis gentem " continens unam, *Modogalingam* nomine." Ailleurs il dit encore:[15] " Deindè *Megallæ*, quorum regi quin- " genti elephanti, peditum equitumque numerus in- " certus.

[13] Liv. VI., ch. 21.   [14] Ib., ch. 22.
[15] Ib. ch. 23.

Ces Maccocalinges, sectateurs de Brahma; les Mo-
dogalinges et Megals me paraissent bien et duement
appartenir à la grande famille des Mongols, ou mieux :
Magouls, d'après divers idiomes asiatiques. L'auteur
ne s'est bien rapproché de leur nom réel qu'à sa
troisième mention. Ptolémée [16] a connu aussi des
Mongols, qu'il place, sous le nom de Mologenes, dans
la Scythie en deçà de l'Imaüs, entre les Samnites et
les Sætianes. Maintenant, l'acception ethnique primitive des termes : Huns et Cimmériens, dans le sens
jadis adopté par les anciens auteurs a disparu, de
même que celle des mots primitifs : Scythes et Rous.
A tort ou à raison, depuis les travaux ethnologiques
du savant Blumenbach et de ses successeurs, les expressions Mogol ou Mongol, qui jadis n'eurent qu'un
sens restreint, attaché à un seul peuple, comme on le
voit dans Pline et Ptolémée, ont pris la place des
deux premières. Elles servent à désigner une des
races principales qui composent l'espèce humaine.

Pline,[17] avant d'en venir à cette mention, qu'il a
faite en bloc de toute une grande famille de l'huma-
nité sous le nom de Cimmérienne, a cité une de ses
principales villes. Après avoir parcouru la côte
asiatique du Pont-Euxin, il pénètre dans le Palus-
Méotis, toujours du même côté; puis il signale
comme la dernière ville à l'extrémité du Bosphore :[18]
" Cimmerium, qui portait primitivement le nom de
" Cerberion." " Ultimoque in Ostio Cimmerium, quod
" antea Cerberion vocabatur." Dans sa description
de la rive européenne située vis-à-vis, de l'autre côté
du détroit, où est placée Panticapée, il fixe la distance
à travers le Bosphore cimmérien, entre cette dernière

[16] Liv. vi, ch. 14.　　　　[17] Ibid.　　　　[18] Liv. vi, ch. 6.

ville et Cimmérium, à 2,500 pas romains.[19] Elle
paraît avoir continuellement possédé une grande
importance, même depuis l'expulsion des Cimmériens,
qui occupaient la Kersonèse-Taurique par les Scythes ;
car ses habitants sont toujours mentionnés par les
auteurs divers qui se sont occupés des guerres de
cette région. Ainsi Justin[20] rapporte que le roi du
Pont, Mithridate, après avoir fait alliance avec
Tigrane contre les Romains, tenta de rallier à sa cause
divers peuples auxquels il envoya des députés à cet
effet. Il désigne nominativement et dans l'ordre
suivant : les Cimmériens, qu'il appelle *Cimbros*, les
Gallogrecs, les Sarmates et les Bastarnes, — tous ses
voisins, à ce qu'il paraît.

Valérius Flacchus,[21] dans son Argonautique, parle
du vieux roi des Cimmériens, Auchus, à la tête de
plusieurs milliers de ses riches sujets, dans les termes
suivants :

> " Tertius unanimis veniens cum millibus Auchus
> Cimmerias ostentat opes . . . "

Suivant toute probabilité, le commerce était la
source de ces grands richesses chez un peuple que la
prospérité avait dû civiliser jusqu'à un certain point,
et rendre bien différent des autres membres de sa
famille encore à l'état nomade. Ce qui pouvait expliquer un pareil succès, c'était la position de ses
diverses villes situées entre la Méditerranée, la Mer
Caspienne, le Palus-Méotis et le Pont-Euxin, et à
l'extrémité de deux plaines immenses, dont l'une va
jusqu'à la Mer Baltique et l'autre fait le tour de la
Mer Caspienne par le côté nord.[22] Premier centre

---

[19] Liv. IV, ch. 26.   [21] Liv. VI, v. 60.

[20] Liv. XXXVIII, ch. 3.   [22] Liv. VI, ch. 12.

commercial, ou peut-être même capitale d'une race asiatique d'origine, qui dominait dans cette région depuis une époque antèhistorique et lui avait donné son nom, ainsi qu'à une grande étendue de pays, Cerbérium, devenue plus tard Cimmérium sous les Méotes, devait aussi à son antiquité la principale partie de son importance.[23]   Elle existait déjà bien longtemps avant Hérodote, d'après ce qu'il en dit. Il ne paraît pas que la grande invasion des Scythes ait produit sur le littoral du Palus-Méotis, où elle se trouve située, les effets désastreux qui en furent la suite pour la race cimmérienne dans la Kersonèse-Taurique et vers le côté gauche du Danube.   Cette invasion ne fit qu'y passer comme un flot, sans s'arrêter.   Les Scythes qui poursuivirent les Cimmériens à travers l'Asie ne songèrent pas à déposséder les maîtres de Cimmérium et de l'Eulysie ou Cimmérie asiatique, comme ils avaient dépouillé et expulsé leurs frères de la région européenne.   Tout tend à prouver, au contraire, que ces Cimmériens continuèrent à se maintenir sur la même côte asiatique avec une puissance qui s'élevait ou diminuait dans la successions des temps, suivant qu'ils recevaient plus ou moins le secours des hordes nomades de leur famille.   L'invasion des ive et ve siècles, dite des Huns, vint donner à cette influence de race un grand développement, mais pour une période de temps assez bornée.

Je continue à donner le détail des preuves tendant à établir cette opinion.

Orphée, poëte grec, qui a raconté dans ses vers l'expédition des Argonautes, mentionne " les Cimmé- " riens ($K\iota\mu\mu\acute{\epsilon}\rho\iota o\iota\sigma\iota$) comme ayant été visités par ces

[23] Liv. iv, ch. 11 et 12.

" navigateurs portés sur leur léger navire.[24]   Etabli
" au pied des monts Ripée et Calpius, qui inter-
" ceptent la lumière de son soleil levant; ce peuple vit
" dans l'obscurité la plus complète, parceque le mont
" Phlégre et les Alpes lui cachent, le premier, l'éclat
" du soleil au méridien, et, le second, les faibles rayons
" du soleil couchant."   C'est ainsi qu'il s'exprime.

Je ne pense pas qu'il soit nécessaire de discuter ici,
dans l'intérêt seul du sujet, les divagations géogra-
phiques de cet auteur plus ou moins exact.   Ma cita-
tion a seulement pour but de constater l'illustration
des Cimmériens, maîtres de l'Eulysie.

Pomponius Méla[25] est d'accord avec Pline, en tant
qu'ils placent tous deux des tribus de Cimmériens au
nord de la Mer Caspienne, à côté de certains autres
peuples; mais avec quelques légères variations utiles
à constater. La nomenclature du naturaliste se réduit
à cinq noms; d'où j'ai conclu, je crois avec quelque
raison, qu'il l'a ainsi restreinte parcequ'il a voulu
simplement désigner des races, ou tout au mieux des
familles.   Or, l'énumération beaucoup plus forte du
géographe espagnol — puisqu'elle ne comprend pas
moins de quinze noms divers de peuples, en comptant
ceux fournis par Pline — me paraît venir à l'appui
de ce que j'ai avancé.   On observera encore que
Denys-le-Périegète et Ptolémée trouvent tous les
deux des Huns: le premier sur la Mer Caspienne, le
second au-dessous de la grande courbe du Tanaïs;
tandis qu'aucun d'eux n'y découvre la moindre horde
de Cimmériens.   Et que, d'autre part, Pline et Méla,
qui mentionnent des Cimmériens auprès de la Mer
Caspienne vers le nord-ouest, ne parlent pas des

[24] Vers 1.118.   [25] Liv. 1er, ch. 2.

tribus de Huns qui s'y trouvent. C'est surtout frappant par rapport à Méla, qui a énuméré tant de noms. Ne serait-ce pas, comme l'a fait observer Procope, que les désignations de Huns ou Cimmériens seraient synonimes l'une de l'autre ? Du reste, nous verrons encore ce même Périegète parler des Cimmériens de la rive asiatique du Palus-Méotis, tandis qu'il n'y connaît pas de Huns.

Pomponius Méla,[26] continuant sa description géographique, parvient à l'entrée du Bosphore Cimmérien, et donne les noms de quatre villes asiatiques dans l'ordre suivant : Hermonassa, Cepoë, Phanagoria, et puis Cimmérium, qu'il dit la plus rapprochée du détroit. Plus loin, lorsqu'il traite de la Scythie européenne — parvenu sur la rive opposée du Bosphore — il[27] divise entre trois familles de peuples cette partie extrême de la Kersonèse-Taurique, qui se termine dans le détroit par la presqu'île de Kertch actuelle. Aux Satarches, que nous savons être des Scythes au poil roux, il attribue la côte intérieure qui longe le Palus-Méotis. Aux Taures, que Strabon dit Scythes aussi, à plusieurs reprises, mais dont l'origine n'est pas bien claire encore à mes yeux, Méla donne la partie de la rive opposée et extérieure qui touche au Pont-Euxin. Et en troisième lieu, il place sur la côte même qui plonge dans le Bosphore quatre villes, qu'il appelle cimmériennes, dans l'ordre suivant : Myrmécion, Panticapée, Théodosia, Hermisium. Ainsi que beaucoup d'autres, l'auteur a oublié de mentionner une deuxième ville du nom de Cimmérium, située sur la côte sud de la Kersonèse-Taurique, à l'entrée du Bosphore Cimmérien, et en

[26] Liv. 1er, ch. 19.   [27] Liv. ii, ch. 1.

Europe; entre Panticapée et Théodosia, sur le Pont-
Euxin. J'en parlerai à l'occasion. Pour que cette
race ait pu encore occuper sur le sol de la Kersonèse-
Taurique cinq villes ou plus, à l'époque où écrivait
le géographe espagnol, il faut bien admettre qu'elle y
était représentée en nombre suffisant pour se faire
respecter. Au reste je ne pense pas qu'elle ait jamais
été complétement expulsée par les Scythes, mais
seulement assujétie après avoir été vaincue.

Divers passages de Strabon tendent à établir les
faits avancés par Pomponius Méla et à donner plus de
fondement à cette opinion. L'auteur[28] établit d'abord
que les eaux de ce détroit se couvrent en hiver d'une
glace assez solide pour que des chars puissent circuler
entre Panticapée en Europe — c'est-à-dire la ville
actuelle de Kertch — et celle de Phanagoria en Asie,
de l'autre côté vis-à-vis. Puis, après une longue
digression historico-géographique, dans laquelle il
raconte comment les souverains du Bosphore s'empa-
rèrent de toute la Kersonèse; il place à Théodosia,
maintenant Kaffa, les limites antiques entre les Bosphoraniens et les Taures. Se trouvant ainsi d'accord
avec Pomponius Méla, quant à la région occupée par
ces derniers, qu'il appelle en termes formels un peuple
de voleurs scythes; et un passage de Constantin Porphyrogenète, qui place aussi à Théodosia, ou Kaffa,
ces frontières toujours méconnues, violées, mais toujours subsistantes. Ainsi, sous l'empereur Justin,
les Huno-Cimmériens,[29] renforcés par des hordes asiatiques de leur race, avaient envahi le territoire des
Tauro-Scythes et s'étaient emparés de toute cette
partie qui s'étend entre Théodosia et Kersone, où les

<hr>

[28] Liv. VII.   [29] Procope, *Guerre Pers.*, p. 33.

Romains leur tenaient tête. Il y a seulement une légère différence à observer dans le récit de Constantin:[30] c'est que les deux désignations antiques de Taures et Cimmériens ont fait place à deux autres. Au lieu des Taures, nous avons les Kersonites comme acteurs, c'est-à-dire les habitants de la ville de Kersone, dont les ruines sont près de la ville actuelle de Sébastopol. Ce nom de Kersonites paraît avoir complétement absorbé l'autre, à l'époque dont il s'agit. Au lieu des Cimmériens, Porphyrogenète nous parle des Bosphoritains comme étant les adversaires des premiers, dans ce duel perpétué à travers les âges, entre deux races qui n'aiment guère à se mêler: tant elles sont différentes.

Strabon vient d'employer aussi; comme on a pu l'observer, ce dernier terme; il ajoute qu'entre Théodosia et Panticapée, métropole des Bosphoraniens sur le détroit, la distance est de 530 stades et le terroir très-fertile. Au milieu de ces détails, l'auteur a fait une brève observation disant que sur la chaîne des montagnards Taures est le mont de Trébizonde appelé comme la ville de ce nom chez les Tibarènes fesant partie de la Colchide. Puis il continue ainsi[31]: "Dans la même " région se trouve un autre mont, dit Cimmérien " ($\delta\rho\sigma\varsigma$ $K\iota\mu\mu\acute{e}\rho\iota\omega\nu$), ainsi nommé parcequ'il fut jadis le " siège de cette grande souveraineté qu'exercèrent les " Cimmériens maîtres du Bosphore; d'où vient qu'on " appela aussi du nom de détroit Cimmérien toute la " partie de la côte qui constitue l'entrée du Palus " Méotis."

D'après une assertion aussi formelle et un autre passage déjà cité, il paraît évident qu'à l'époque de

---

[30] *Administration de l'Empire*, ch. 53.   [31] Liv. vii.

Strabon, Cimmérium de la Tauride, autre que l'ancienne
Cerberium de la côte d'Asie avait perdu son titre primitif et antique de capitale de cette race. Qu'il avait
été conféré à Panticapée, l'une des quatre ou cinq
principales villes aussi Cimmériennes de la côte d'Europe d'après Pomponius Méla, ou Bosphoraniennes
d'après Strabon, ce qui prouve que les deux termes
étaient alors synonimes. Le géographe grec reconnait
encore l'existence de Myrmecion, troisième des quatre
villes mentionnées par le géographe espagnol. Il la
qualifie petite, et la place à 20 stades de Panticapée;
plus avancée vers la partie la plus resserrée du détroit
dit maintenant, d'après le nom actuel de cette ville:
Jéni-kalé. Il donne encore le nom de quatre rois
entr'autres qui avant Mithridate gouvernèrent succes-
sivement les habitants de cette région; maîtres depuis
longtemps et encore maintenant, à ce qu'il dit, des
deux rives du Bosphore. C'étaient: Leucon, Sagaure,
et les deux Pærisadès.

A propos des termes : ὄρος Κιμμέριων,[32] que Strabon
a employés pour désigner la ville européenne de Cimmérium, il y a lieu d'observer qu'un autre géographe
grec a fait comme lui. En effet, Ptolémée [33] décrivant
la côte asiatique du Palus Méotis dans la direction du
Bosphore, mentionne aussi le promontoire Cimmerium
(Κιμμέριον ἄκρον) comme la dernière ou avant dernière
ville d'Asie sur le Palus Méotis avant d'entrer dans le
détroit. L'emploi simultané par les deux auteurs des
mots *montagne* et *promontoire* (ὄρος, ἄκρον) ajoutés à
celui de Κιμμέριων ne laisse subsister aucun doute sur
la situation topographique des deux antiques métropoles des Cimmériens sur le Bosphore. Évidemment

---

[32] Liv. VII.   [33] Liv. v, ch. 9.

elles étaient perchées toutes deux au sommet d'un plateau élevé. D'après toutes les indications données par les divers géographes déjà mentionnés, il faut chercher les vestiges de l'une: Cerberium devenue Cimmérium, entre le Cap Kaménoï actuel et la pointe de Pekli; et celles de l'autre vers Opouk. Dubois de Montpéreux croit les avoir vues toutes deux.

On trouve encore le même accord entre les deux géographes grecs sur une autre question. Ptolémée tout en continuant sa description de la Sarmatie asiatique dont fait partie Mont Cimmérium qu'il vient de mentionner, parvient au détroit et s'exprime en ces termes [34] : " Sur les croupes des montagnes qui " dominent le Bosphore cimmérien des deux côtés, on " trouve, aussi de part et d'autre : les Bosphoraniens. " (Βοσπορáνοι)."

Il semble qu'il ne peut plus exister aucun doute, sur la parfaite identité des Bosphoraniens avec les Cimmériens, tous possesseurs de ces huit villes entr'autres ; mentionnées par Pomponius Méla comme se trouvant situées quatre de chaque côté du détroit; et parmi lesquelles figurent Cimmérium et Cerbérium comme métropoles antiques, et Panticapée la moderne capitale de cette nation au deux noms.

Je vais maintenant consulter encore de nouveau Denys le Periegète [35] : " Sur les bords du Palus Méotis " que l'on appelle la Mère du Pont, vivent," dit-il, " de chaque côté tout autour, une grande multitude " de Scythes. Ses eaux s'écoulent à travers le Bosphore " Cimmérien ; auprès duquel habitent, au pied du " Taurus glacé, une foule nombreuse de Cimmériens." On observera la différence que l'auteur a établie entre

---

[34] Liv. v, ch. 9.   [35] Periegesis, vers 163 et suiv.

ces deux races qu'il n'a pas voulu laisser confondre par le lecteur. La susceptibilité extrême qu'il éprouve à cet égard, se montre encore dans le passage suivant [36] :

" En entrant tout droit dans le Bosphore Cimmé-
" rien vous rencontrez une autre île très-grande qui
" est située dans le Palus Méotis. Sur cette île sont
" les villes de Phanagora, et Hermonassa. Cette
" dernière bien construite est habitée par des hommes
" originaires de l'Ionie." L'hospitalité donnée par les Cimmériens à ces nouveaux venus est un argument en faveur de ce que j'ai dit sur leur civilisation et leurs habitudes commerciales. Probablement ces Ioniens étaient venus s'établir à Hermonassa dans un but de Négoce. Si l'auteur ne s'est pas trompé, ce qui est possible, la presqu'île actuelle de Taman sur laquelle se trouve Phanagoria était de son temps une île. Il va encore me fournir un nouvel extrait, à l'appui de mon opinion.

Dans l'énumération qu'il donne des divers peuples habitants des bords du Tanaïs vers le Palus Méotis, le Périegète s'exprime en ces termes [37] : " Les plus
" nombreux sont d'abord les Sauromates. On y
" trouve de plus des Sindes et les Cimmériens. Puis
" vers le Pont Euxin sont les Cercetes, les Orctes, et
" les Achéens."

On voit bien qu'il s'agit ici des peuples établis dans l'Eulysie, c'est-à-dire cette partie de la côte Asiatique située sur le Palus Méotis entre l'embouchure du Tanaïs et le Bosphore Cimmérien, ainsi que c'est déjà indiqué. On observera encore qu'il a divisé ces peuples en trois familles bien distinctes : les Sarmates

---

[36] Periegesis, vers 549 et suiv.   [37] Ib., vers 680 et suiv.

ou Scythes que nous connaissons déjà, les Cimmériens
que nous cherchons à connaître ici, et les Sindes dont
nous nous occuperons dans un travail spécial, et qui
constituent une famille à part. Cela fait, il a négligé
les noms spéciaux de chacun de ces peuples, suivant
en cela la méthode déjà employée à l'égard de ceux
qui habitent entre la Mer Caspienne et la Mer Blanche,
par Pline le Jeune. Il suffit de consulter ce dernier
géographe, Méla, Ptolémée, Strabon et autres; l'on
trouvera chez eux des noms spéciaux de villes, hordes
ou tribus en nombre suffisant, outre les trois fournis
par Denys, pour reconnaître le caractère du système
à part qu'il a suivi dans sa nomenclature.

Néanmoins, je dois faire observer qu'à l'époque où
ces auteurs écrivaient, la plupart des anciens peuplès
cimmériens établis sur le Palus Méotis et Bosphore,
avaient perdu leur pureté d'origine primitive. En
épousant des femmes scythes, ils avaient constitué
une race mixte qui, pour ce motif, avait reçu le nom
de *Méote* ou *Maïte*, appellation qu'ils avaient fini par
transmettre au Palus Méotis d'après divers auteurs.[38,39]
Cette démonstration exige des développements plus
étendus que je donnerai en la traitant plus tard d'une
manière spéciale. Il me suffira de signaler maintenant une erreur commise par feu Lenormant,[40] qui a
pris pour Scythes ces Méotes descendants de Cimmériens ou Mongols blancs et de femmes Scoloto-Scythes.
L'appellation même d'Eulysie était due à d'anciens
peuples scythes-germains que l'on trouvait sur la mer
Baltique comme sur la Méditerranée, associés des
Suardones ou Sardones et dont je parlerai aussi plus

[38] Pline, liv. iv, ch. 26.   [39] Scymnus de Chio, fragm.
[40] *Mémoire de l'Académie des Inscriptions et Belles-Lettres*, Paris.

en détail. Entre peuples nomades qui se battent pour un territoire, les plus faibles peuvent bien céder et fuir sans qu'il en résulte croisement des races. Il en est autrement entre peuples voisins à siéges stables. Tôt ou tard, l'un des deux est assujetti à l'autre, et c'est alors que le mélange des deux familles s'effectue nécessairement. C'est ce qui avait du avoir lieu très anciennement sur les bords du Palus Méotis, c'est-à-dire dès que les Scythes et les Cimmériens s'y établirent d'une manière permanente dans le voisinage les uns des autres. Les Eulysies vinrent-ils avec les Scolots, avant, ou après eux? c'est ce que je ne puis déterminer. Quoiqu'il en soit, un passage de Valerius Flacchus nous met sur la trace de l'origine des Sindes, peuple incontestablement méotique d'après divers monumens récemment découverts.[41] Il en résulte que cet auteur donne pour aïeules à ce peuple les femmes des Scythes-Scolots dans les vers suivants :[42]

> " Degeneresque ruunt Sindi ; glomerantque paterno
> Crimine, nunc etiam metuentes verbera turmas."

En disant que les Sindes du Palus Méotis conduisent au combat à coups de fouet leurs troupes qui craignent cet instrument, comme jadis le fesaient leurs pères, et en souvenir de leur crime ; l'Argonaute fait allusion à un évènement de l'histoire des Scythes Scolots mentionné par Hérodote.[43] Le père de l'histoire a raconté une révolte contre eux, des enfants d'esclaves qui, pendant leurs vingt-huit ans d'absence, avaient eu des rapports avec les femmes scythes lais-

---

[41] Kœhne, *Description du Musée Kotsc.*, vol. II, p. 22 et suiv. St. Pétersbourg, 1857.   [42] *Argon.*, liv. VI, vers 86
[43] Liv. IV, ch. 1 et 2.

sées seules : rapports dont ces enfants de race croisée
furent le résultat. Or, les esclaves des Scythes Scolots ne pouvaient être sur le Palus Méotis que des
Cimmériens primitifs; c'est évident. Le même auteur
observe [44], que de son temps ou trouvait encore dans
cette Scythie une contrée appelée Cimmérie, un Bosphore dit Cimmérien et deux villes portant les noms
de Cimmérium et de Porthmies Cimmériennes. La
première est celle dont Dubois de Montpéreux [45] croit
avoir découvert les ruines sur le mont d'Opouk.
L'explication qu'il donne s'accorde avec les détails
que l'on trouve sur sa situation dans Scymnus de
Chio, et un auteur anonyme. La deuxième ville doit
être celle qui est mentionnée sur la même côte d'Europe, et le Palus Méotis à l'entrée du Bosphore, sous
le nom de Porthmies seulement, par le même anonyme dans son périple du pont Euxin. Hérodote
n'a pas mentionné la ville de *Cerberium*, sur la côte
d'Asie dans le Palus Méotis, qui fut probablement re-
construite après son époque par les nouveaux souverains du Bosphore sous le nom de Cimmérium, d'après
Scymnus de Chio.[46] Dubois de Montpéreux [47] croit
aussi en avoir trouvé les ruines dans la presqu'île de
Fontan. La restauration par les rois des douze
peuples Méotes, de l'antique ville des Cerbers sous le
nom de *Cimmerium* indiquerait assez que Cimmériens
et Cerbers appartenaient à la même famille; et que
de plus, les descendans de ces anciens peuples furent
appelés à l'habiter par ces nouveaux maîtres qui
descendaient d'eux par les hommes, et des Scythes
par les femmes. Ces rois de race croisée furent aisé-

---

[44] Liv. iv, ch. 12.   [45] *Voyage au Caucase*, vol. v, p. 256 et suiv.
[46] Voir Fragments.   [47] *Voyage au Caucase*, vol. v, p. 40.

ment acceptés comme Archontes ou premiers Magistrats par les Grecs des colonies bosphoriennes, dont le sang avait subi le mélange de diverses races ; depuis le Scythe caucasien blond jusqu'à l'Arcadien mongol noir.

Chapitre VI.

DES HUNS EPHTHALITES OU BLANCS. — LES SABIRS EPHTHALITES. — LES SAMEN, CIMEN, UNOGOURS, ZALES, SABIENS.

Ce que je vais dire à l'instant prouvera, que c'est bien toujours de la même race mongole qu'entendent parler les divers auteurs, qui se sont succédés dans un laps de temps bien long, quoiqu'ils l'aient mentionnée sous deux noms différents, suivant les époques.

Procope, dans son ouvrage sur la Guerre Persique,[1] parle d'un peuple auquel il donne le nom d'*Ephthalite*, " établi au nord de la Perse, vers la ville de " Gorgo, à ce qu'il dit. Quoiqu'il soit très-éloigné du " pays des Huns et n'entretienne aucune espèce de " rapport, soit politique ou commercial avec eux, il " n'en appartient pas moins à la même famille.   Les " Huns Ephthalites sont les seuls qui aient la peau " blanche et le visage non difforme ; ils ne sont pas " nomades comme les autres, mais ils occupent dans " un bon pays, depuis temps antiques, des établisse-" ments fixes et stables.   Leurs mœurs sont bien " différentes.   Loin de pratiquer, comme les autres, " la vie des bêtes sauvages, ils ont des lois politiques, " sont gouvernés par un roi, et entretiennent de bons

[1] Page 9.

" rapports entr'eux comme avec leurs voisins. Les
" plus opulents s'associent pour toute la durée de
" leur vie une vingtaine d'amis ou plus qui devien-
" nent leurs commensaux perpétuels, et partagent
" leurs revenus sur lesquels ils perçoivent un droit.
" Mais à la mort du riche, ses compagnons doivent
" être ensevelis vivants avec lui. Malgré toute la
" différence que l'on observe entr'eux, les Ephthalites
" n'en sont pas moins de la même race que les Huns,
" dont ils portent le nom. On ne connaît de leur
" part qu'une seule irruption sur les terres de l'em-
" pire ; ils la firent en compagnie des Mèdes."

Il résulte de ce passage qu'à l'époque où l'auteur
écrivait, la race des Huns était aussi représentée
parmi les peuples qui connaissaient la civilisation :
par ces Ephthalites établis sur les bords de la rivière
Gorgos, qui se trouve dans l'Assyrie, coule du nord
au sud et se jette dans le Tigre sur la rive gauche.[2]

Agathias[3] et Théophane-le-Confesseur[4] les appellent
Nephthalites et les qualifient nation hunnique, tandis
que Ménandre[5] emploie à leur égard la même forme
que Procope. Cedrénus[6] raconte que Péroze, roi des
Perses, périt avec toute son armée dans une guerre
qu'il entreprit contre les Huns blancs, dits Nephtha-
lites ($\tau o \grave{v} \varsigma \ \lambda \epsilon v \kappa o \grave{v} \varsigma \ O \vartheta v v o v \varsigma$). Ce fait indique assez qu'ils
constituaient une grande nation, puisqu'ils avaient
mis en campagne assez de troupes pour anéantir
l'armée du puissant roi des Perses, leurs voisins.

Priscus mentionne ce souverain comme ayant de-
mandé aux Romains des subsides pour l'aider dans
sa guerre contre leurs ennemis mutuels, les Huns

---

[2] Ptolémée, liv. VI, ch. 1.   [3] Ses Hist., liv. IV.   [4] Chron., p. 191.
[5] Legat., p. 427. Ed. 1828.   [6] Liv. Ier, p. 623.

Cidarites, sur lesquels il prit la ville de Balaam, qui leur appartenait.

Deguignes les place dans la même catégorie, ainsi que les Huns Euthalites, qui, résidant à Bokhara, y perdirent leur chef et furent battus par Mokan, empereur des Turcs orientaux vers l'an 570, sur l'autorité des auteurs chinois qu'il cite.[7]

Jean Chardin[8] les appelle Caracioles ou Caracherkes, d'après les Turcs. " Nation belliqueuse," dit-il, " si renommée sous le nom de Huns, que lui ont donné les Européens ; la même qui ravagea l'Italie et les Gaules. Ils sont blancs, et dans le Caucase constituent une nationalité divisée en divers petits peuples."

Jean de Luca[9] croit les Caraccioli ou Karakirks, Huns d'origine, parce qu'ils ont conservé à leur langue, qui est turque, toute sa pureté. Il leur attribue aussi la même blancheur de teint.

D'Herbelot[10] les nomme Haïatelah et les prend pour les Indo-Scythes des anciens. Cette opinion n'est pas celle de Guignes,[11] qui les appelle Huns Septentrionaux d'origine, ou Turcs ; d'après les historiens orientaux, deux noms synonimes à leurs yeux. A cette série d'appellations que nous connaissons déjà, il[12] ajoute la sienne : celle d'Abtelites, c'est-à-dire les *Télé*, du bord de l'eau, parce qu'ils s'étaient cantonnés sur le Gihon ou Oxus, et que pour ce motif ils furent surnommés *ab-Télé*, ou *ab Tiélé*. Ils

---

[7] *Lég. de Justin dans Ménandre.*

[8] *Voyage en Orient*, vol. 1er, pp. 60, 115.

[9] *Recueil de Voyages au Nord*, vol. VII, p. 181.

[10] *Bibl. Ori.*

[11] *Histoire des Huns*, vol. 1er, 2e part., p. 325.

[12] *Ibid.*, p. 277 et suiv.

se fixèrent sur ce point après que leur nation fut battue et chassée de ses anciens établissements par les Chinois, l'an 93 de Jésus-Christ, sous Teou-hien; se séparant d'une autre partie, qui se dirigea vers le nord. De sorte que les restes de cette antique nationalité, connue des auteurs orientaux et désignée sous le nom général de *Hiong-nou*, se trouvèrent dispersés dans les vastes contrées à l'est, nord et ouest de la mer Caspienne, depuis Kaschgar jusqu'au Palus-Méotis, et au nord jusqu'à Tobolsk en Sibérie. Telle est en substance la narration de l'auteur, donnée principalement sur l'autorité des auteurs et livres chinois qu'il cite. A cela il ajoute que chez les Tartares la horde qui parvient à l'empire donne son nom à tout le reste de la nation; que la désignation de Turcs a remplacé celle de Huns; que les Mogols et Tartares des historiens persans ne sont que les Huns du nord et ceux du midi de l'histoire des Chinois. D'après lui encore, les Turcs ont paru pour la première fois l'an 545 de Jésus-Christ, et si l'on rétrograde de 450 ans, on arrive à l'année 93 de notre ère, époque de la destruction par les Chinois des Huns septentrionaux.

Cette opinion sur l'origine des Turcs, dont s'est occupé aussi Constantin Porphyrogenète dans son ouvrage sur l'Administration de l'Empire,[13] se trouve confirmée par un passage où il donne le nom qu'ils portaient avant d'avoir pris celui-là. D'après lui, on les appela primitivement *Sabartoiasphales.* Puis, à la suite d'une guerre avec les *Patcinacites*, surnommés *Cangar*, ils se divisèrent en deux familles. Ceux qui se fixèrent sur les confins de la Bulgarie prirent alors le nouveau nom de Turcs. Les autres, qui habitèrent

[13] Ch. 38, p. 118.

H 2

plus à l'orient, sur le territoire persan, conservèrent l'ancien. Tel était l'état des choses à l'époque où écrivait cet empereur, et les Turcs occidentaux envoyaient souvent des ambassades à leurs frères, les Sabartoiasphales orientaux, avec lesquels ils cherchaient toujours à s'entendre dans leur politique.

On s'apercevra aisément que cette désignation est composée de deux autres: celle d'*Ephthalites*, que nous connaissons déjà, et celle de *Saber*, qui a été donnée aussi avec diverses variantes à un peuple très-ancien, déjà connu d'Hérodote. Il s'agit donc ici des *Sabers* ou *Sabirs Ephthalites*, c'est-à-dire d'une branche de la famille des Huns blancs, qui, avant l'époque de l'auteur impérial, avait été déjà mentionnée par d'autres auteurs byzantins. Ammien Marcellin [14] constate l'existence de ces *Sabers* occidentaux, sur la région située entre le Pruth et le Danube, sous le nom de *Taifali*, et les représente comme adonnés avec les adolescents aux vices ordinaires de ces peuples. Le pubère devait tuer un ours ou sanglier pour s'en exempter. Zosime,[15] qui reconnaît son impuissance à se prononcer sur l'origine des Huns, mentionne des *Thaifales* hors des frontières; il les appelle sans doute Scythes, parce qu'ils habitaient alors la Scythie. Une irruption, qu'ils firent au nombre de 500 cavaliers, ne fut pas réprimée par l'empereur Constantin. Cet auteur n'a pas étudié la question des races, comme on pourra le voir ici.

Procope [16] est, parmi les auteurs byzantins, celui qui donne les principaux détails. Un passage de sa Guerre des Goths contient ce qui suit: " Dans l'armée

<hr>

[14] Liv. xxxi, p. 621 à 635.   [15] Hist., liv. ii, p. 438.

[16] Vol. ii, p. 509.   Ed. 1838.

" romaine se trouvaient des barbares *Sabeirs*, nation
" hunnique habitant le Caucase, très-multipliée, et
" régulièrement divisée en diverses et très-nombreuses
" principautés. Leurs chefs s'allient tantôt aux Perses,
" tantôt aux Romains, recevant de chaque souverain,
" non à l'année, mais à l'occasion, un subside en
" argent."

Il s'agissait de faire le siége d'une place forte appelée Petra;[17] or, les Romains n'avaient pas des ma-
chines de guerre assez légères pour parvenir à travers
les rochers au point nécessaire d'attaque; alors, les
Sabeirs que l'auteur dit très ingénieux, inventèrent
un bélier portatif à dos d'homme, à l'aide duquel la
place fut prise. Ailleurs, il mentionne[18] ce fait : " que
Justinien Auguste envoya aux Sabeirs la somme
d'argent qu'il leur avait promise." C'est dans sa
guerre des Perses, où il dit encore:[19] Cabades envoya
dans l'Arménie soumise aux Romains une armée sous
les ordres du général Persan Mermeroes, auquel s'é-
taient joints 3,000 Huns de ceux appelés Sabeirs,
nation très belliqueuse. Autre part il dit de plus:[20]
" Chosroes donna de l'argent aux nombreux Huns
" Sabeirs et les envoya, avec des Persans, renforcer
" l'armée de Mermeroes. Ils se battirent avec achar-
" nement dans une occasion, autour du cadavre d'un
" général sabeir, qui était tombé sur le champ de ba-
" taille."

Téophane le confessur et George Cedrenus s'accordent à rapporter ce fait-ci, qui justifie ce qu'a dit
Procope[21] sur leur grand nombre : " Boarex ou Ba-

---

[17] Procope, vol. ii. p. 509 et suiv.   [18] P. 296.
[19] P. 74.   [20] *Guerre Goth.*, p. 548,
[21] Chron., vol. i, p. 269, pour l'un et pour l'autre, vol. 1, p. 644.

reza Reine Barbare des Huns dits vulgairement les
" *Saber* qu'elle gouvernait après la mort de son mari
" Balach ou Malach, entra sur les terres de l'empire
" romain à la tête de 100,000 hommes. Elle battit
" et fit prisonniers deux rois Huns nommés Styrax et
" Glones, qui l'avaient envahi, de leur côté, à la tête
" de 20,000 guerriers de cette autre nation de la
" même famille. Puis elle s'allia à Justinien et lui
" resta fidèle." Téophane cite encore comme s'étant
allié à cet empereur dans la même année: Gordas,
roi des Huns, établi sur le Bosphore, qui embrassa la
religion chrétienne. Sous une autre date, il mentionne [22] encore une ambassade envoyée à Justin par
les Huns appelés Turcs, à travers les terres des Alains.

Agathias [23] répète la plupart de ces détails sur le
caractère, les habitudes et la puissance des Huns
Sabeirs. Dans une occasion, ces mercenaires alors
payés par les Romains et au nombre de 2,000, com-
mandés par trois de leurs propres chefs: Balmac,
Coutilsis et Iliger, battirent un corps de 3,000 *Dilimnites*, montagnards stipendiés des Persans, aux environs d'Archæopolis. Plus tard, ils changent de maître
et vendent leurs secours aux Persans peu après les
avoir combattus et défait les Dilimnites. " Ils ap-
" partiennent," dit l'auteur, " à une très grande et
" nombreuse nation, fort pillarde et belliqueuse,
" aimant à sortir sur le sol étranger, et à vendre ses
" services tantôt aux uns, tantôt aux autres."

Il me reste à déterminer quelle était, suivant les
auteurs byzantins, la position et l'étendue de leurs
établissements.

[22] P. 207, édition de 1655. Paris.
[23] Liv. IV, ch. 17.

D'après Procope,[24] les Huns surnommés Sabeirs se trouvent au-delà des Abasges, Alains et Zeches vers la source du fleuve Boas, qui nait chez les Arméniens habitants du Pharange près les confins de la Tzanie, ayant à sa rive droite l'Ibérie. Dans un autre passage, après avoir décrit le mont Caucase, il ajoute:[25] "Là habitent les Huns dits Sabeirs et d'autres nations hunniques."

D'après Michel Amorien,[26] continuateur de Théophane le confesseur, les nations les plus éloignées de l'empire sont dans l'ordre suivant: les Arméniens, Chaldéens, Ibères, Zeches et *Cabeirs* (Καβείρων). On voit ici une nouvelle variante dans le nom de cette branche de la famille hunnique. Elle se retrouve dans Plutarque et Strabon. On observera que Procope et Amorien placent, après les Zeches, un peuple que l'un appelle *Sabeirs* et l'autre *Cabeirs*. C'est évidemment le même. Ménandre nous offrira encore une autre variante de cette appellation.

" Sous Tibère César," [27] dit cet auteur, "les généraux romains, ayant envahi l'Albanie, les Sabeirs et autres nations leur envoyèrent des ôtages. Alors, ces chefs se rendirent à Byzance, où ils reçurent les députés des Alains et des Sabeirs, qui s'étaient soumis aux Romains. Mais bientôt ils apprirent que: l'Abeir (ὁ Ἄβειρ), ne tenant aucun compte des ôtages envoyés aux Romains, avait fait défection et s'était allié aux Perses. Informés aussi, que l'empereur était irrité de ce qu'ils n'avaient pas profité de leur invasion dans l'Albanie, pour exterminer les Albains et Sabeirs, les généraux y rentrèrent. Puis, ils établirent en deçà

<hr>

[24] *Guerre Pers.*, p. 288. [25] *Guerre Goth.*

[26] P. 55, éd. 1828. [27] Légat., p. 317, éd. 1828.

du Cyrus ceux des Sabeirs et Alains qui étaient sortis de leurs établissements pour leurs légations; afin qu'à l'avenir ils se trouvassent dans les limites de l'empire romain." (Nous verrons plus tard qu'ils occupaient *l'hyspiratis* de Strabon.)

Ménandre emploie ici le mot Abeir comme variante de Sabeir au singulier, et dans le même sens que l'on donne encore, d'après un usage toujours existant, au nom d'une nation, lorsqu'on veut la désigner dans une action commune avec son souverain. Ainsi on dit: "Le Turc a envahi la Grèce." Jornandès[28] a employé aussi, en parlant d'eux, la forme *Abiri*. Il les dit Huns, très forts et les distingue des *Aulziagres* nomades, Huns aussi, mais appartenant à une famille différente. J'ai observé qu'en général ces legères variantes sont établies dans le but de distinguer entr'eux des peuples qui, tous appartenant à la même famille ou nationalité dans des temps anciens, possèdent néanmoins les uns auprès des autres, des siéges et territoires tout à fait séparés. Tout ce que nous verrons ultérieurement tend à confirmer cette observation qui se présentera de nouveau.

Il résulte des derniers passages mentionnés ici, que les Huns Sabeirs, Cabeirs, et Abeirs possédaient sur les deux versants du Caucase des établissements très-étendus puisqu'ils avaient pu mettre sur pied 100,000 hommes sous leur Reine Bareza. Le golfe Colchique peut être déterminé comme leur limite principale à l'Ouest. De ce point ils s'étendaient vers le Nord-Est jusqu'à la mer Caspienne, occupant divers défilés du Caucase depuis temps antiques, comme nous le verrons plus tard; ce qui leur donna à toute époque une

---

[28] *Origine des Goths.*

grande importance politique et commerciale à cause des voies navigables qu'ils y possédèrent aussi entre les deux mers. Divers auteurs ont confondu cette ancienne nation des Huns Sabeirs, Ephthalites, ou blancs; que Constantin Porphyrogenète a désignée sous le nom composé de *Sabar tasphales;* avec d'autres peuples de la même famille qui émigrèrent sur l'empire Romain aux premiers siècles de notre ère avec tant de fracas. De Guignes[29] s'est trompé là dessus en compagnie d'autres savants. Il a aussi commis une erreur assez répandue du reste, lorsqu'il a donné aux peuples Huns la qualification de Scythes. Procope n'a pas confondu les anciens habitants Huns des bords du Palus Méotis et Pont Euxin, auxquels il donne le nom primitif de Cimmériens, avec les nouveaux arrivés de son époque. Les Sabeirs ne fesaient point partie de cette masse de Nomades Huns dont parlent les auteurs. Théophane-le-Confesseur[30] place à l'année 508 de Jésus-Christ une incursion faite dans l'Arménie, la Cappadoce, la Galatie et le Pont par des Huns Samen qui étaient arrivés à travers les Portes Caspiennes. Jean d'Antioche[31] en parle aussi, et les appelle Huns Sabeirs; et j'observe que les Cimmériens ou Cerbériens sont appelés aussi Cimmen. Ces similitudes de noms indiquent des peuples de même famille, et cette désignation (Οὖννοι λεγόμενοι Σάμεν) qui est nouvelle il est vrai, mais n'offre rien d'insolite pour un peuple venant de l'Asie, se trouve dans l'édition de 1655. Mais les Huns Samen sont devenus Sabires dans l'édition de 1828. Ménandre rapporte que les Avares dans leur émigration d'Asie battirent d'abord

---

[29] *Hist. des Huns,* vol. i, 2ᵉ partie, pp. 293, 316, etc.
[30] P. 138, éd. Paris, 1655.   [31] *Chron.,* p. 126.

les Utigurs, les Zales Huns, puis les Sabeirs. Les Huns Zales étaient déjà connus de Ptolomée [32] qui les dit établis sur la côte du Golfe de Colchide. Ils possédaient aussi la ville de Zalisse dans l'intérieur de l'Ibérie. Ils ne fesaient donc point partie de ces hordes de Huns nouvellement arrivés du centre de l'Asie. Pline [33] les mentionne sous le nom de Salæ que les anciens appelaient Phthirophages, et les place auprès des Suanes. Strabon [34] les appelle simplement Phthirophages aussi malpropres que les Soanes voisins. Priscus de son côté raconte que les Sabeirs battus par les Abares fugitifs eux mêmes devant d'autres peuples, se jetèrent sur les Saragurs, Uroges, et Unogurs qu'ils chassèrent de leurs établissements primitifs. Unogouris dans la Colchide, qui sera mentionnée, ainsi que Sorace, indiquée par Ptolémée [35] dans la même contrée, étaient les sièges des Unogours et des Saragours peuples stables qu'il faut distinguer des autres Huns nomades. De Guignes a fait, avec raison, du nom de Samen, une variante de Sabeirs. Charles Stephanus, dans son Dictionnaire Géographique, [36] dit que d'après Agathias, les antiques Sapires du Pont Euxin furent en suite appelés Sabires et Sabini retirés dans les terres. Mais les recherches que j'ai faites dans diverses éditions de l'auteur Byzantin n'ont pu amener la justification du fait. Il emploie constamment la forme $\Sigma\acute{\alpha}\beta\epsilon\iota\rho\omega$. J'admets comme très-probable que les Sabeirs ont été aussi désignés sous les noms de Sabini ou Sabiens, j'en donnerai plus tard les raisons; mais j'ai encore le regret de n'avoir découvert à cet égard aucune preuve

[32] *Géogr.*, liv. v, ch. 10 et 11.   [33] *Hist. Nat.*, liv. vi, ch. 5.
[34] *Géogr.*, liv. xi.   [35] Liv. v, ch. 10.   [36] Ed. Genève, 1662.

assez solide pour constituer certitude. On comprend
du reste, qu'au milieu de cette immense trainée de
peuples qui se jetaient tous les uns sur les autres de
l'Orient à l'Occident, les auteurs n'ayent pas toujours
vu bien clair; et qu'il se soit produit quelque confusion
dans leurs noms, établissements et condition.

Je crois devoir interrompre ici cette dissertation
spéciale sur les Sabeirs. Avant d'examiner ce qu'ils
furent dans des temps plus reculés; il convient de
connaître ce qui a été dit sur les Huns en général, et
diverses hordes ou tribus de leur famille autres que
les Sabeirs.

———

Chapitre VII.

LES ARGIPPÉENS. — TURCS, ABIENS, THYRAGÈTES, KALMOUKS.— CROISEMENT ENTRE LES INDOUS ET LES FEMMES DES KALMOUKS.—SES PRODUITS.

HÉRODOTE[1] a connu, sous le nom d'Argippéens,
(Ἀργιππαῖοι) des peuples appartenant à la race que
nous appelons Mongole, sans qu'il nous soit possible
de dire au juste à quelle branche de cette famille.
D'autres auteurs en ont aussi parlé, mais en modifiant
quelque peu ce nom-là. Pour Pomponius Méla et
Pline, ce sont les Arymphéens (Arymphæi), tandis
que Solinus Polyhistor[2] les appelle Riphæens (Riphæi).
Les détails que nous a laissés le père de l'histoire sont
confirmés, complétés ou légèrement modifiés par ceux
que nous fournissent les autres géographes, tant sur
leurs traits caractéristiques, que sur leurs mœurs et

[1] Liv. iv, ch. 23, 24, 25.
[2] Pline, liv. vi, ch. 7 ; Méla, liv. I, ch. 19 ; Poly., ch. 17.

habitudes ; comme aussi sur la région qu'ils occupaient. La carte de Strahlenberg que l'on trouve jointe à son histoire de la Sibérie m'a servi à porter quelque lumière dans une question restée jusqu'à présent très obscure. C'est seulement dans cet espoir que je me permettrai d'être plus long que je ne l'aurais désiré.

Hérodote part du Palus-Méotis, et se dirigeant vers le nord, parcourt les pays des *Sauromates*, des *Budins* et un désert en vingt deux jours de marche. Dans cet espace de temps il a du traverser une région ayant six degrés de longueur en supposant un voyage de sept heures par jour en moyenne. Il se trouve donc à la hauteur de la ville actuelle de Riazan sur l'Oka, où il est parvenu en traversant une contrée que la carte indique encore sans population. De ce point, Hérodote changeant de direction, marche vers l'est et traverse le pays des *Thyssagètes*, ceux des *Jyrques* et des Scythes indépendants, toujours en plaine, jusqu'aux Argippéens où commencent de hautes montagnes. Il a observé que les deux premiers peuples établis au milieu de vastes forêts ne vivent que de chasse. Ces diverses circonstances se trouvent exactement groupées sur la carte. Quant aux derniers, il se contente de répéter ce qu'il a appris sur leur compte ; soit par les Scythes qui vont chez eux, soit par les marchands grecs des bords du Borysthène, ou du Pont-Euxin, qui les connaissent bien, dans les termes suivants :

« On dit qu'ils sont tous chauves de naissance,
« hommes et femmes ; ont le nez aplati et le menton
« allongé ; parlent une langue particulière et sont
« vêtus à la Scythe. Ils vivent d'un fruit à noyau
« gros comme une fève, produit par un arbre appelé

" Pontique, presque aussi grand qu'un figuier, duquel
" ils tirent une liqueur noire dite *Aschy* qu'ils mêlent
" avec du lait ; c'est leur boisson. Quand elle est
" exprimée, le résidu constitue leur nourriture ; car
" ils ont peu de bétail, faute de bons pâturages. Ils
" passent l'année chacun sous un arbre qu'ils
" couvrent en hiver seulement d'une étoffe de laine
" blanche, serrée et foulée. Personne ne les insulte ;
" on les regarde comme sacrés. Ils ne possèdent
" aucune arme offensive ; sont pris pour arbitres dans
" les querelles de leurs voisins, et jouissent du droit
" de donner un asile inviolable à quiconque se réfugie
" chez eux . . . . Ces peuples parlent sept
" langues différentes ; et les Scythes qui voyagent
" chez eux ont besoin de sept interprètes pour se
" faire comprendre dans leurs transactions commer-
" ciales."

On voit d'après cela que cette nation n'appartenait
pas à la race des Scythes qu'il faut chercher autre
part que chez la race Mongole au nez écrasé. Ses
vêtements étaient Scythes, parceque ces derniers
avaient dans leur séjour en Asie adopté les vêtements
des Asiatiques.

Pomponius Méla s'exprime ainsi : " Près des Bu-
dini qui habitent la ville de Gelon en bois ; les Thyssagètes et les Turcs occupent de grandes forêts où ils
vivent de leur chasse. Un pays désert et pierreux
conduit chez les Arymphæens qui ont des principes
de haute justice, habitent les bois, se nourrissent de
fruits à baies, et vont tête nue hommes et femmes.
Considérés comme sacrés, ils jouissent du droit d'asile.
Au-delà est le mont Rhipæen."

Pline ne répète d'abord que la fin de ce passage

comme suit : " Thyssagètes et Turcs jusqu'à des déserts situés au milieu de rochers abruptes, au-delà desquels sont les Arimphæens, qui appartiennent aux monts Riphæes." Puis il contient un autre passage comme le suivant.

D'après Polyhistor : " Au pied des monts Riphæes en Asie est une nation semblable aux Hyperboréens dite les Riphæens. Ils se plaisent sous les arbres, se nourissent de fruits à baies, coupent leurs cheveux, tant hommes que femmes, parce qu'ils rougissent de cette parure. Aimant le repos, n'offensant personne, ils jouissent du droit d'asile et sont considérés comme des hommes si sacrés, que les peuples les plus féroces jugent que ce serait un crime de les molester."

Dans cette similitude que Solinus Polyhistor a établie entre les Hyperboréens et les Riphæens, il n'a voulu parler que de leurs principes de justice; mœurs et habitudes. Il suffit, pour le reconnaître, de parcourir le passage qui est relatif aux premiers. On ne trouvera ni dans l'un ni dans l'autre aucun mot qui se rapporte à une similitude de race. J'ai déjà démontré que les Hyperboréens étaient Scythes, c'est-à-dire Caucasiques blonds; tandis que ces Argippéens appartiennent à la race Mongole.

On le voit ici : malgré les diverses variantes qu'il subit chez les auteurs grecs et latins, leur nom a toujours pour radical celui des montagnes même au pied desquelles vivaient ces peuples au nez écrasé; lesquelles commencent la plus haute et plus longue chaîne de l'Oural. Ils se donnaient sans doute eux-mêmes un tout autre nom que celui de Riphæens ou Argippéens. Evidemment, Hérodote s'est aussi trompé en disant qu'ils naissaient chauves, et Poly-

histor paraît avoir dit la vérité.   Hommes et femmes
abattaient leur chevelure   C'est un fait très-rare
chez le sexe féminin; ajouté surtout à celui d'une tête
habituellement nue.   Peut-être était-ce le seul moyen
de détruire une affligeante vermine, devenu chez eux
un principe religieux.   La contrée qu'ils occupaient
porte maintenant le nom de Kaptzaiki ou Kipzak.
Au nord de ces peuples tout était inconnu, d'après
Hérodote, à cause des hautes montagnes, formant
barrière, qui arrêtaient les voyageurs.   Quant aux
trois autres auteurs, ils ne fournissent là-dessus aucun
renseignement utile.   Mais je trouve sur les lieux une
rivière portant un nom d'après lequel Méla et Pline
auraient raison contre Hérodote et Strabon, lorsqu'ils
disent: *Turks* au lieu de *Jurks*.   En effet, dans l'*Ural
Tau* naît une rivière à laquelle Strahlenberg donne
sur sa carte les deux noms de *Turuca* et *Turugai*,
suivant qu'elle est près de sa source ou de son con-
fluent avec le Talasch, qui se jette dans le *Sirt* ou
Sihun.   Or, c'est au pied de cette haute montagne
que se trouvaient les Riphæens, voisins des Ἰΰρκαι
d'Hérodote, ou *Turcæ* de Pline et Méla, devenus, en
changeant de place, les Οὖργοι de Strabon, les *Tusci*
de Ptolémée; et dans les temps modernes: les *Turcs*
de divers auteurs et *Igours* de feu M. Lenormant.[3]

Quoiqu'il en soit, je crois utile de constater : qu'à
l'époque d'Hérodote, on trouvait déjà sur cette plaine,
qui s'étend de l'ouest à l'est, entre la rive droite de
l'Oka sur les districts actuels de Sinbirsk et Oren-
bourg jusqu'au pied de l'Ural Tau — un groupe de
quatre peuples appartenant à des races bien différentes.
Les Scythes indépendants, séparés des *Scolots* du Palus-

[3] Mém. de l'Acad. des Inscr. et Belles-Lettres.   Paris.

Méotis, appartenaient à la race caucasienne blonde.
Les Turks, Tusks, ou Jourks, ainsi que les Argippéens, étaient Mongols.   Quant aux Thyssagètes, ou
mieux Tussagètes, qui se trouvaient voisins des Tusks,
ils étaient, ainsi que leur nom l'indique bien, les fils
des Gètes Scythes croisés avec les Tusks Mongols, et
constituaient une troisième race.

Une autre observation à faire, c'est que, déjà à
cette époque reculée, nous faisons connaissance avec
un autre peuple de race mongolienne, qui, tout en
menant une vie patriarchale, n'en a pas moins fait un
grand pas vers la civilisation, en renonçant à l'usage
des armes offensives.

Valerius Flaccus[4] dans son Argonautique consacre
tout un passage de neuf vers aux Thursagètes.   C'est
ainsi qu'il les désigne, sous une forme (Thyrsagetas)
qui rapprocherait leur nom du radical Turk.   Il les
représente marchant au combat couverts de peaux de
bêtes sans liens, armés de piques entourées de fleurs
verdoyantes, au son de leurs cymbales d'airain, et de
la trompette guerrière.   Il ajoute, d'après la renommée :
que cette troupe venue à la guerre de la toison d'or
était la même qui, sous les ordres de Bacchus, du sang
de Jupiter, par Cadmus, avait soumis les Arabes et
les Sabéens, et s'était établie dans un pays septentrional ; d'où elle arrivait alors, célébrant dans ses
airs militaires les hauts faits de ses prédécesseurs.
Cette donnée vient à l'appui de l'origine que je leur
attribue de peuple Scythe ou du Nord, mêlé à un
peuple Mongol.   La similitude de leur manière de
vivre avec celle des Turcs, et le changement de rési-
dence qu'ils effectuèrent en commun, entre l'époque

<hr>

[4] Liv. vi, vers 134.

d'Hérodote et celle de Strabon, des bords de l'Oka aux rives du Danube, sont autant de faits qui indiquent déjà une certaine parenté entr'eux. Il s'était aussi produit parmi ces peuples quelque progrès car de chasseurs ils étaient devenus pasteurs; d'après ce dernier géographe, qui emploie la forme τυρεγέται,[5] tant pour désigner ceux de la région Danubienne; que leurs frères établis, d'après lui, à l'extrémité Nord de la forêt Hercynienne; et qui constituaient une troisième branche de cette famille, à laquelle Hérodote a donné la qualification de *nation particulière et nombreuse*[6] : les Thraces, composés de Scythes, Cimmériens, Sigynes et autres races.

Je me demande si Homère,[7] en parlant des Abies (Ἄβιων), qu'il qualifie : les plus justes des hommes, n'a pas entendu désigner ces Argippéens sacrés d'Hérodote. Nous avons déjà fait connaissance avec un peuple qui, appartenant comme les Argippéens à la race Mongole, porte aussi un nom qui offre une grande similitude avec celui d'Abies; c'est celui d'Abers. Identité de race et ressemblance de nom seraient deux faits assez concluants, s'il était possible d'établir que les Abies d'Homère étaient Mongols. Divers auteurs qui ont recherché les preuves de l'ancienneté des Scythes ont cru les reconnaître sans autre motif que leur supposition dans les Hippomolges, Galactophages et Abies d'Homère. Strabon[8] a beaucoup disserté là dessus, mais il supposait qu'Homère avait voulu mentionner des peuples assez voisins des Thraces; de sorte que partant d'une donnée qui me paraît sans certitude, il n'a pu résoudre les questions qu'il s'était

---

[5] Liv. VII, plusieurs passages.　　[6] Liv. V, ch. 3.
[7] *Il.*, liv. XIII, vers 6.　　[8] Liv. VII.

posées. Quinte Curce[9] rapporte qu'Alexandre le Grand reçut à Maracande les députés des Scythes Abiens les plus justes des hommes, qui n'avaient recours aux armes que dans le cas extrême de légitime défense. Plus tard, des traducteurs d'Homère n'ont pas cru que le mot Ἄβιων fut le nom propre d'un peuple, et l'ont rendu par les idées de longévité ou de pauvreté. Tel est l'état de la question; et les éléments d'une solution définitive manquent encore. C'est parceque longtemps avant notre époque historique, des peuples de race différente mêlé par la conquête, ont adopté des coutumes uniformes, et produit une troisième race, résultat de leur croisement dont les deux éléments primordiaux constitutifs nous sont inconnus. Il est à regretter que les auteurs de l'antiquité n'ayent pas mis plus de soin à relever les faits de cette nature qu'ils pouvaient avoir sous les yeux. Hommaire de Hell[10] nous à fait connaître le résultat d'un croisement entre hommes Indous et femmes Kalmouques à Astracan. Les Métis qui en proviennent dits Tatars, offrent un type rapproché de celui que l'on observe chez l'Européen. Ils n'ont ni les yeux obliques du Kalmouck ni la peau bronzée de l'Indou. Rien ne rappelle leurs double origine. Vifs, alertes, doués d'une physionomie hardie et enjouée, ils offrent un grand rapport de caractère avec les Arrieros Espagnols.

Voici le portrait qu'il donne des Kalmoucks, et comme type général de tous les Mongols.[11]

" Ils ont tous sans exception les yeux obliques et

<hr>

9 Liv. VII, ch. 6.

10 *Voyage aux Steppes de la Mer Caspienne,* vol. I, p. 448, et suiv.

11 Ib., vol. II, p. 100.

" peu ouverts, mais la vue perçante; les cheveux
" noirs, ainsi que les sourcils qui sont peu garnis, de
" même que la barbe et la moustache; le nez fort
" écrasé au front, les pommettes saillantes, et la peau
" d'un jaune brun. Les hommes ont les lèvres grosses
" et charnues, mais les femmes ont la bouche en cœur
" et très-belle. Leurs oreilles sont énormes et très-
" détachées de la tête; c'est général. Ils sont de
" petite taille, mais sveltes; Boudhistes en religion,
" ou plutôt Lamites comme presque tous les peuples
" Mongols."

L'obliquité des yeux ayant disparu dans le croisement dont je viens de parler, on peut conclure que le type de la femme est celui qui tend le plus à s'effacer; car ce trait est le plus constant chez les Mongols mélangés par leurs hommes, avec des femmes de race différente.